からだ
つくり
アレ

真藤舞衣子

初心者におすすめ！
発酵野菜のつくりおき

　祖母のぬか漬け、母のザワークラウトやピクルス。幼いころから食卓には必ず漬けものが並び、発酵野菜は日常食だったように思います。おかげで風邪をひいたことがないくらい健康的に育ちました。しかし10代後半から友人らとスナック菓子やファーストフードを食べるようになると、ニキビや肌荒れに悩み始めます。そこで発酵食生活に戻してみると、いつの間にか肌は落ち着き、からだの内側からすっきりと整い、体調が安定するように。この経験が発酵食を見直すきっかけになりました。私が熱を出すことも風邪をひくこともないのは、発酵食を食べ続けているおかげだと思っています。

　〝発酵食〟と聞くと難しそう、手間がかかりそうと思うかもしれませんが、そんな初心者の方におすすめなのが発酵野菜のつくりおきです。野菜を切って調味料と混ぜて漬けておくだけなので、とっても手軽に作れます。「冷蔵庫に余った野菜を日持ちさせるために作ってみようかな」くらいの感覚で始めてみてください。

　食べものは発酵すると旨味成分が増えます。これが「発酵＝おいしい」理由のひとつです。だから、旨味たっぷりの発酵野菜さえストックしておけば、肉や魚と煮たり焼いたりしても味が決まりやすく、日々の料理が短時間で作れます。ぜひ肩の力を抜いてゆるやかに、おいしい発酵野菜でからだの内側から元気になりましょう。

　　　　　　　　　　　　　　　　　　　　　真藤舞衣子

発酵野菜で
からだが整う

おいしい発酵野菜でうれしい変化！
毎日少しずつ食べ続けることで不調を遠ざけます。

---

① 便秘改善

　腸内には善玉菌、悪玉菌、日和見菌がいて、悪玉菌が増えると便秘に。腸内の状態によって、有害にも無害にも働く日和見菌を善玉菌にするのが便秘解消の第一歩。それには、菌のエサとなる食べ物がとても大事です。たとえば酸化した揚げものを食べすぎると悪玉菌になりますが、乳酸菌も食物繊維もとれる発酵野菜を取り入れれば善玉菌が増え、腸内環境がよくなり、ダイエット効果を感じる人もいます。

---

② 免疫力の向上

　腸の調子を整えることで免疫力も向上します。からだ全体の免疫細胞の約60〜70％が集中するといわれる腸は、からだの中で最も大きな免疫器官です。だから腸内に入ってきた有害なものを攻撃するには、腸内環境を良好にしておくことが重要。免疫細胞の活性化は生活習慣病の予防にもつながります。

---

③ 美肌／アンチエイジング

　発酵させた野菜には、漬ける前の状態の生鮮野菜にはない栄養が加わるものが多くあります。たとえば、キムチは皮膚の再生につながるビタミンB_2が増え、ザワークラウトはメラニンの生成を抑えるビタミンCが増えるので、どちらも美肌へのアプローチにおすすめです。また、発酵の過程で生まれる酵素には、抗酸化作用があるのでアンチエイジング効果が期待できます。

発酵野菜をストックしておけば、
普段の料理が時短＆味もキマりやすい！

1 野菜を漬ける

発酵野菜の作り方はとっても簡単。
野菜を切って調味料となじませれば、漬けている間に旨味が増します。

発酵野菜はそのまま食べてもOK。漬け込む時間によって浅漬け、深漬けといった味の変化を楽しめます。また、食材に含まれる酵素によって発酵の過程で風味がUPしたり、糖やたんぱく質が分解されて独特な旨味も生まれます。だから、右ページのようなアレンジ料理に使用しても、味が決まりやすく、おいしく仕上がります。

漬け方は２パターン

〔１〕発酵調味料に漬けるだけ

酢、しょうゆ、みりん、みそなどの発酵を経て作られた調味料を使って漬けます。短い時間でも味がしみ込みやすく、失敗しにくいのがメリット。

〔２〕塩でもみ、発酵させる

塩を使ってゆっくり時間をかけて漬けます。漬け込む間に野菜が本来もっている乳酸菌の働きで発酵し、自然な酸味が出るのが特徴です。

2 料理にアレンジ

本書では、それぞれの発酵野菜ごとに6品のアレンジレシピを紹介。
和・洋・中の主菜から副菜まで、飽きのこないラインナップです。

のせる

発酵野菜をフリットの上にのせたり、
刻んでドレッシング風にかけたり。

あえる

発酵野菜は旨味十分。
ほかの食材とあえるだけでおいしく仕上がる。

炒める

漬け込む間に野菜から余分な水分が
抜けるので、炒めものの時間を短縮。

煮る

肉や魚と一緒に煮込めば、発酵野菜の
香りや風味が短時間でしみわたる。

発酵野菜の保存方法について

できあがった発酵野菜は、ビニール袋のまま、または容器に移し替えて保存します。

A ビニール袋で保存

野菜と調味料をビニール袋に入れて漬け、そのまま保存します。汁もれしないよう厚手のビニール袋を選び、心配であれば受け皿になるバットを下に置いてもOK。袋の中で野菜が漬け汁に浸っている状態をキープします。野菜の量によって袋のサイズを調整できるので省スペース。

B 容器で保存

袋で漬けた野菜を容器に移すと、取り出しやすくなります。容器の材質は塩分や酸に強いホーローやガラスを選び、野菜が漬け汁に浸るサイズを。汁けが多いものやペースト状のものは、口がしっかり閉まるびんに入れるともれる心配がなく、色の変化や残量が見やすくなります。

使用する容器や手は清潔に！

アルコール消毒の場合

アルコールを容器に吹きかけて自然乾燥、またはキッチンペーパーで軽くふきます。アルコール製剤は、食品用や調理道具用と表示されたものを選んで。

煮沸消毒の場合

鍋に水とびんを入れて火にかけ、沸騰したら火を弱めて10分ほど煮沸します。トングや菜箸を使って取り出し（やけどに注意）、清潔なふきんの上で乾かします。

contents

Part 1 | 発酵調味料で漬ける つくりおき発酵野菜とアレンジごはん

contents

Part 2 | 塩でじっくり漬け込む つくりおき発酵野菜とアレンジごはん

この本での約束ごと

● 1カップは200㎖、大さじ1は15㎖、小さじ1は5㎖です。
● 電子レンジは600Wを使用しています。500Wの場合は時間を1.2倍にしてください。
● 保存の際は、容器、菜箸、スプーンなど清潔なものをお使いください。
● 保存期間は目安です。調理環境、保存状態、季節によって異なりますので、なるべく早めに食べきりましょう。
● 塩は海塩（海水100％を原料に作られたもの）、砂糖はきび砂糖、油は米油や太白ごま油を使っています。
● レモンは国産、ノーワックスのものを使っています。

Q&A 発酵食の疑問

Q.1 発酵とは?

Answer 微生物が食材の栄養を分解して、人のからだにとって有益な物質を作り出すこと。発酵によって味や香りがよくなったり、栄養価や保存性が高まったりする。自然の力でおいしくなるのが発酵食のメリット。

Q.2 なぜ保存性がアップするの?

Answer 発酵を促す微生物が増えることで、腐敗菌の増殖を抑え、発酵によって生成される乳酸や酢酸にも殺菌効果があるため。漬け込み時間や保存場所の温度を守ることで、おいしさも長持ちする。

Q.3 発酵と腐敗のちがいは?

Answer 発酵と腐敗はどちらも微生物の働きによるもので、人間にとって有益か、有害かによって呼び方が変わる。からだにいい働きなら発酵、有害なら腐敗、カビとなる。除光液のようなプラスチック臭やカビなど、においや見た目に違和感があったら食べるのを控えること。おいしいうちに食べることが大切。

Q.4 産膜酵母とは?

Answer 酵母菌の一種。白いアクのような膜を作り出す特徴があり、空気を好むため漬け汁の表面に出ることがある。人体には無害だが風味は落ちるので、加熱する料理で早めに食べきって。産膜酵母が出やすいきのこの塩水漬け(p68)や泡辣椒(p94)は、漬け込み中に容器を振ったり、清潔なスプーンを使って混ぜたりすることで発生しにくくなる。

Part

発酵調味料で漬ける
つくりおき発酵野菜と
アレンジごはん

酢、しょうゆ、みそなどの発酵調味料を使って、
短い漬け込み時間で作ります。
ピクルスのような甘酢ベース、こっくりとしたしょうゆやみそ味、
色鮮やかな梅酢風味 —— サッと漬けてパッと料理に使えます。

玉ねぎのピクルス

炒めたり、揚げものとあえたり。
こってりした料理を
軽やかにするほどよい酸味

材料〔作りやすい分量〕
玉ねぎ … 中3個（約700g）
米酢 … 120㎖
砂糖 … 大さじ3
塩 … 小さじ½

保存｜冷蔵
1か月間

作り方

① 玉ねぎはくし形切りにする。

② ボウルに①、塩を入れてよくもみ込む。砂糖も加えて混ぜ、しんなりするまで置く。

③ 米酢を加えてビニール袋に入れ、空気を抜いて袋の口を結ぶ。漬けてすぐできあがり。

＊保存は袋のまま、または容器に移してもよい（以下すべて同様）。

玉ねぎの甘酸っぱさで濃厚ソースがさわやかに

ポークチャップ

材料〔2人分〕

玉ねぎのピクルス … 70g

豚ロース肉（厚切り）… 2枚（約240g）

しめじ … ½パック（約50g）

塩 … 小さじ½

黒こしょう … 少々

片栗粉 … 適量

オリーブオイル … 大さじ1

A｜ウスターソース … 大さじ2
　｜ケチャップ … 大さじ½
　｜しょうゆ … 小さじ1
　｜塩 … 少々

せん切りキャベツ … 適量

作り方

1 豚肉はめん棒や空きびんでたたき、塩、黒こしょうをふって全体に片栗粉をまぶす。しめじは石づきをとって小房に分ける。Aは混ぜておく。

2 フライパンにオリーブオイルを中火で熱し、豚肉を入れる。片面に焼き色がついたら裏返して2分ほど焼き、一旦取り出す。

3 2のフライパンに玉ねぎ、しめじを入れて中火で炒める。豚肉を戻し入れてAを加えて煮からめる。せん切りキャベツとともに皿に盛り付ける。

鶏肉は先に焼き付けて旨味を閉じ込めふっくら食感に

手羽元のトマト煮込み

材料〔2人分〕

玉ねぎのピクルス … 100g

鶏手羽元 … 6本

ズッキーニ … 1本

黄パプリカ … ½個

にんにく(潰す) … 1かけ

塩 … 小さじ½

黒こしょう … 少々

オリーブオイル … 大さじ2

A　ホールトマト缶 … 1缶(約400g)

　　グリーンオリーブ … 10粒

　　ローリエ … 1枚

　　白ワイン … 大さじ1

作り方

1 手羽元に塩、黒こしょうをふる。ズッキーニは厚さ1cmの輪切り、パプリカは乱切りにする。

2 フライパンにオリーブオイルを中火で熱し、にんにく、手羽元を入れて焼き色をつける。

3 玉ねぎ、ズッキーニ、パプリカを入れて炒め合わせ、Aを加え中火でふたをして20分ほど煮込む。

はちみつ入りの甘酸っぱい漬け汁でごはんが進む

鮭の南蛮漬け

材料〔2人分〕

玉ねぎのピクルス … 100g
生鮭の切り身 … 2切れ
セロリ … ½本
ピーマン … 1個
しょうが … 1かけ
赤唐辛子 … 1本
塩 … 小さじ½
黒こしょう … 少々
片栗粉 … 適量
ごま油 … 大さじ2
A│ 米酢、薄口しょうゆ … 各大さじ2
 │ はちみつ … 大さじ1

作り方

1 セロリは斜め薄切り、ピーマンは縦半分
　に切り、種をとって薄切り、しょうがはせ
　ん切り、赤唐辛子はちぎる。

2 鮭は1切れを3等分に切り、塩、黒こしょ
　うをふって両面に片栗粉をふる。フライパ
　ンにごま油を中火で熱し、鮭をほんのり
　焦げ目がつくまで両面焼いて火を通す。

3 ボウルにAを混ぜ、玉ねぎ、1、2を入
　れて軽くあえる。

にんにく風味のソースが、香ばしいじゃがいもにぴったり

じゃがいものグリル ヨーグルトソースがけ

材料〔2人分〕

玉ねぎのピクルス … 30g

じゃがいも … 中2〜3個

A プレーンヨーグルト（無糖）
　　　… 大さじ4
　　にんにく（すりおろし）… 1かけ分
　　塩 … 小さじ½
　　黒こしょう … 少々

オリーブオイル … 大さじ1½

ディル（あれば好みで）… 適量

作り方

1 鍋にじゃがいもとたっぷりの水を入れて火
　にかけ、竹串がスッと通るまでゆでる。ま
　な板に取り出し、皮付きのまま包丁の腹
　で軽く潰す。**A**は混ぜておく。

2 フライパンにオリーブオイルを中火で熱し、
　じゃがいもを焼く。途中で裏返し、両面
　に焼き色をつける。

3 器に盛り、**A**をかけて玉ねぎをのせる。ディ
　ルをちぎって飾り、オリーブオイル（分量外）
　をかける。

サッと混ぜてかけるだけの
お手軽ドレッシング

ピクルスだれの
トマトサラダ

材料〔2人分〕

玉ねぎのピクルス … 50g

トマト … 1個

パセリ … 1束

A｜ 塩 … 小さじ¼
　　黒こしょう … 少々
　　オリーブオイル … 大さじ2

作り方

1 トマトは厚さ1cmの輪切りにして
皿に盛る。

2 玉ねぎ、パセリはそれぞれみじ
ん切りにする。ボウルに入れ、**A**
をよく混ぜ合わせて*1*にかける。

サクふわ食感のたらを
シャキシャキ玉ねぎでさっぱりと

たらのフリット ピクルスのせ

材料〔2人分〕

玉ねぎのピクルス … 適量

生たらの切り身 … 2切れ

塩 … 小さじ½

黒こしょう … 少々

〈 ころも 〉

薄力粉 … 大さじ2

片栗粉 … 大さじ1

ベーキングパウダー
　　… 小さじ½

酢 … 小さじ½

水 … 大さじ3

揚げ油（米油）… 適量

作り方

1 たらは1切れを3等分に切り、塩、黒
こしょうをふる。

2 ボウルに〈ころも〉の粉類を先に入れ
て軽く混ぜ、酢、水を加えて泡立て
器で混ぜ合わせる。

3 フライパンに揚げ油を180℃で熱し、
*1*を*2*にくぐらせてカリッとするまで揚
げる。皿に盛り、玉ねぎをのせる。

17

酢ごぼう

素朴な香りとポリポリとした歯ごたえ。
ゆでてから漬けて食べやすい硬さに

材料〔作りやすい分量〕

ごぼう … 2本（約400g）

A | 酢 … ½カップ
　| 砂糖 … 大さじ2
　| 薄口しょうゆ … 大さじ2

保存 | 冷蔵
10日間

作り方

① ごぼうは長さ5cm、太さを半分に切る。鍋に湯を沸かし、塩大さじ1（分量外）、ごぼうを入れて2〜3分ゆでる。柔らかくなったらザルにあげ、水けをきってボウルに入れる。

② 小鍋にAを入れて沸騰させ、①に加える。

③ 粗熱がとれたらビニール袋に入れ、空気を抜いて袋の口を結ぶ。常温で2時間漬けて料理に使える。

酢ごぼうの酸味が気にならない甘辛味の煮もの

すき焼き風煮込み

材料〔2人分〕

酢ごぼう … 80g

牛切り落とし肉 … 150g

しらたき … 1袋（約240g）

厚揚げ … ½枚（80g）

牛脂 … 1個（または米油 … 大さじ1）

A ┃ しょうゆ … 大さじ3

　┃ みりん … 大さじ2

　┃ 砂糖 … 大さじ1

　┃ 水 … 1カップ

作り方

1 しらたきは熱湯で2〜3分ゆでてから水け
をきり、食べやすい長さに切る。厚揚げ
は4等分に切る。

2 鍋を中火で熱し、牛脂をなじませてから
牛肉を炒める。肉の色が変わったらごぼう、
1、Aを加える。汁けがなくなるまで中火
で10分ほど煮込む。

くるりと巻いて焼くだけ。
お弁当やおつまみにも

酢ごぼうの甘辛肉巻き

材料〔2人分〕

酢ごぼう … 6個

豚バラ薄切り肉 … 200g

しし唐辛子 … 約10本

米油 … 大さじ1

片栗粉 … 適量

A｜みりん … 大さじ2
　｜しょうゆ、ごま油 … 各大さじ1

作り方

1 ごぼうは1本ずつ豚肉で巻き
　（ⓐ）、全体に片栗粉を薄くまぶす。

2 フライパンに米油を中火で熱し、
　1を転がしながら焼く。肉に火が
　通ったらAを加えて煮からめる。
　しし唐を焼いて添える。

ⓐ

青のりが上品に香る揚げたてが絶品

酢ごぼうの磯辺揚げ

材料〔2人分〕
酢ごぼう … 100g
〈ころも〉
A｜薄力粉 … 大さじ2
　｜片栗粉 … 大さじ1
　｜ベーキングパウダー … 小さじ½
　｜青のり … 小さじ2
　酢 … 小さじ½
　水 … 大さじ3
揚げ油（米油）… 適量

作り方

1 ボウルに〈ころも〉のAを先に入れて軽く混ぜ、酢、水を加えて泡立て器で混ぜ合わせる。

2 フライパンに揚げ油を170℃で熱し、ごぼうを1にくぐらせてカリッとするまで揚げる。

ひじきとスパイスの意外な取り合わせがマッチ

酢ごぼうとひじきのカレー炒め

材料〔2人分〕
酢ごぼう … 150g
乾燥ひじき … 5g
にんにく（みじん切り）… 1かけ分
オリーブオイル … 大さじ2
A｜しょうゆ、酒 … 各大さじ1
　｜カレー粉 … 小さじ1

作り方

1 ひじきは水で戻して水けをきる。

2 フライパンにオリーブオイル、にんにくを入れて中火にかける。香りが立ったらひじきを入れて軽く炒め、ごぼう、Aを加えて炒め合わせる。

ごぼうは細く切って
ピリ辛味をからみやすく

明太マヨネーズあえ

材料〔2人分〕
酢ごぼう … 60g
辛子明太子 … 1腹（100g）
マヨネーズ … 大さじ1
万能ねぎ（小口切り）… 1本分

作り方

1 ごぼうは縦半分に切る。明太子は
薄皮に切り込みを入れ、包丁の背
で中身を取り出す。

2 ボウルに明太子とマヨネーズを入れ
て混ぜる。ごぼうを先にあえてから、
万能ねぎを加えてサッとあえる。

あと一品ほしいときの
即席ヘルシーおかず

ごまあえ

材料〔2人分〕
酢ごぼう … 100g
白すりごま … 大さじ1

作り方

1 ボウルにごぼうを入れ、すりごまを
加えてあえる。

きゅうりのみそ漬け

漬けて1日目はみずみずしく、
日を追うごとに味わい深くなる

材料〔作りやすい分量〕
きゅうり … 6本（約720g）
A｜みそ … 大さじ6
　｜みりん … 大さじ6

保存｜冷蔵
10日間

作り方

① 小さいボウルでAを混ぜ合わせる。

② きゅうりは塩適量（分量外）をまぶ
　して板ずりし、水けが出たら洗い
　流す。半分の長さで斜めに切り、
　ビニール袋に入れる。

③ ①を加え、空気を抜いて袋の口
　を結ぶ。冷蔵庫で1〜3日漬け
　て料理に使える。

しっとり柔らかなゆで鶏に
きゅうりがパリパリッ

鶏胸肉のごま酢あえ

材料〔2人分〕

きゅうりのみそ漬け … 1本分

鶏胸肉（皮なし）… ½枚（約150g）

塩こうじ … 小さじ2

A｜白練りごま … 大さじ2
　｜薄口しょうゆ … 大さじ½
　｜米酢 … 小さじ1

作り方

1　鶏肉はフォークなどで数か所刺し、塩こうじを塗って15〜30分ほど置く。

2　鍋に1、かぶるくらいの水を入れて中火にかける。沸騰したら裏返し、弱火で5分加熱する。ふたをして冷めるまで置く。

3　きゅうりは斜め薄切り、2はひと口大に裂いてボウルに入れる。Aを加えてあえる。

薄切りの牛肉は火を通しすぎないのがコツ

牛しゃぶエスニックあえ

材料〔2人分〕

きゅうりのみそ漬け … 1本分
牛薄切り肉（しゃぶしゃぶ用）… 200g
みょうが … 2個
大葉 … 6枚
ナンプラー … 大さじ1

作り方

1 きゅうり、みょうがは斜め薄切り、大葉は
 せん切りにする。

2 鍋にたっぷりの湯を沸かし、酒大さじ1（分
 量外）を入れて沸騰直前で火を止める。
 牛肉を2～3枚ずつ入れ、色が変わったら
 すぐに引き上げて（ⓐ）水けをしっかりきる。

3 ボウルに1、2、ナンプラーを加えてあえる。

つぶつぶきゅうりの
食感を楽しんで

まぐろのタルタル

材料〔2人分〕

きゅうりのみそ漬け … 1本分

まぐろ（刺し身用）… 150g

長ねぎ … 5cm

A 白いりごま … 小さじ2
ごま油 … 大さじ1
塩 … 小さじ½

焼きのり（全形）… 1枚

作り方

1 きゅうり、長ねぎは粗みじん切り、まぐろ
は7mm程度の角切りにする。

2 ボウルに1、Aを入れてよく混ぜ合わせる。

3 のりを食べやすい大きさに切り、2を包ん
でいただく（ⓐ）。

a

そのまま食べても
パンにのせてもおいしい

ツナマヨあえ

材料〔2人分〕
きゅうりのみそ漬け … 1本分
ツナ缶 … 1缶（70g）
マヨネーズ … 大さじ2
黒こしょう … 少々

作り方
1 きゅうりは乱切りにしてボウルに入れ、
缶汁をきったツナ、マヨネーズを加えて
あえる。皿に盛り、黒こしょうをふる。

豆腐からこぼれるくらい
具をたっぷりのせて

中華風冷ややっこ

材料〔2人分〕
きゅうりのみそ漬け … ½本分
木綿豆腐 … 1丁（350g）
しょうが（せん切り）… 1かけ分
ごま油、しょうゆ … 各適量

作り方
1 きゅうりは薄切りにしてしょうがと混ぜ、
半分に切った豆腐の上に半量ずつの
せる。上からごま油、しょうゆをかける。

炒めることで肉ときゅうりの一体感がアップ

ピリ辛あえそうめん

材料〔2人分〕

きゅうりのみそ漬け … ½本分

そうめん … 2束（100g）

豚ひき肉 … 100g

A｜にんにく（みじん切り）… 1かけ分
　｜しょうが（みじん切り）… 1かけ分
　｜赤唐辛子 … 1本

ごま油 … 大さじ2

ナンプラー … 大さじ1

紫キャベツのせん切り … 2枚分

レモン … ½個

作り方

1 きゅうりはみじん切りにする。そうめんは袋
の表示時間通りにゆでる。

2 フライパンにごま油を中火で熱してAを入
れ、香りが立ったらひき肉、きゅうりを加
えて炒める。肉の色が変わったらナンプ
ラーで味をととのえる。

3 皿にそうめんを盛り、2、紫キャベツのせ
ん切りをのせる。レモンをしぼってあえな
がらいただく。

大根のしょうゆ漬け

少し厚めに切って漬ける大根は
しっかり味がしみ、
煮ても焼いても存在感を発揮

保存｜冷蔵
1か月間

材料〔作りやすい分量〕

大根 … 1本（約1kg）
塩 … 大さじ1
昆布（長さ5cm）… 1枚

A｜しょうゆ … 1カップ
　｜酢 … ½カップ
　｜砂糖 … 大さじ4
　｜みりん … 大さじ3
　｜赤唐辛子 … 1本

作り方

① 大根は皮をむいて7mm幅の半月切りにしボウルに入れる。塩を加えて手で全体を混ぜる。

② ボウルに水を入れて①に重ね、20分ほど置く（または手でしっかりもむ）。大根が少ししんなりすればOK。

③ 小鍋にAを入れて強火にかけ、煮立ったら火を止めて②に加える。

④ 粗熱がとれたらビニール袋に移して昆布を入れ、空気を抜いて袋の口を結ぶ。漬けてすぐ料理に使えるが、常温で2～3時間ほど漬けるとよくなじむ。

台湾では切り干し大根で作る卵焼きをアレンジ

台湾風大根の卵焼き

材料〔2人分〕
大根のしょうゆ漬け … 100g
卵 … 4個
酒 … 大さじ2
ごま油 … 大さじ2
パクチー … 1株

作り方

1 大根は7mm幅の細切り、パクチーは葉をざく切り、茎をみじん切りにする。

2 ボウルに卵を割り入れて酒を加えて溶き、大根、パクチーの茎を入れてよく混ぜる。

3 フライパンにごま油を中火で熱し2を流し入れる。丸く形をととのえながら3〜4分焼き、裏返してこんがり焼き色がつくまで焼く。

4 中まで火が通ったら取り出して切り分ける。皿に盛り、パクチーの葉をのせる。

ボリュームのある骨付き肉が
短時間でコク深い味に！

豚スペアリブの中華煮込み

材料〔2人分〕

大根しょうゆ漬け … 250g
豚スペアリブ … 400g
長ねぎの青い部分 … 1本分
ごま油 … 大さじ2
にんにく（潰す）… 1かけ分
しょうが（薄切り）… 1かけ分
A｜八角 … 1個
　｜みりん … 大さじ2
　｜大根の漬け汁 … ½カップ
　｜水 … 1½カップ
半熟ゆで卵 … 4個
白髪ねぎ … 適量

作り方

1 鍋にごま油を中火で熱し、スペア
　リブの両面をこんがりと焼く。

2 中火のまま大根、にんにく、しょうが、
　長ねぎの青い部分、Aを加えてふ
　たをし、沸騰したら弱火にして30
　分ほど煮込む。

3 ゆで卵を加え、さらに5分ほど煮
　込む。器に盛り付け、白髪ねぎを
　添える。

1
とろりとしためかぶに合う
大根のコリコリ食感

大根めかぶあえ

材料〔2人分〕
大根のしょうゆ漬け … 40g
めかぶ … 70g
白いりごま … 小さじ½
ごま油 … 小さじ2

作り方

1 大根は7mm程度の角切りにして
ボウルに入れる。

2 めかぶ、いりごま、ごま油を加え
てあえる。

2
ストック食材で
パパッと作る簡単そうざい

さば缶と大根のカレー炒め

材料〔2人分〕
大根のしょうゆ漬け … 150g
さばの水煮缶（食塩不使用）
　… 1缶（190g）
米油 … 大さじ2
カレー粉 … 小さじ2
万能ねぎの小口切り … 適量

作り方

1 フライパンに米油を中火で熱し、
大根を入れて炒める。

2 大根がしんなりしたらさばを缶汁
ごと入れ、カレー粉を加えて炒
め合わせる。

3 皿に盛り、万能ねぎを散らす。

3
調味料は加えずに
漬けた大根の味を生かす

大根ごはん

材料〔2人分〕
大根のしょうゆ漬け … 100g
米 … 1合
昆布（長さ5cm）… 1枚

作り方

1 米は洗って水けをきり、炊飯器
の内釜に入れる。1合の目盛りま
で水を加えて30分ほど浸水させ
る。大根は7mm程度の角切りに
する。

2 米の上に大根、昆布をのせて炊
く。炊き上がったら全体を混ぜる。

4
みりんを効かせた
少し甘めのやさしい味つけ

お揚げの炊いたん

材料〔2人分〕
大根のしょうゆ漬け … 150g
油揚げ … 2枚
A｜だし汁 … 1カップ
　｜みりん … 大さじ2

作り方

1 油揚げはひと口大の三角形に切
る。

2 鍋に大根、1、Aを入れて中火
にかける。沸騰したら弱火にし
て15分ほど煮る。

なすのしば漬け

市販のもみしそを使って
熟成にかかる時間を短縮。
赤じその香りがさわやか

保存｜冷蔵
2週間

もみしそ
赤しそを塩でもん
で梅酢で漬けたも
の。梅干し作りに
も用いられる。

材料〔作りやすい分量〕
なす … 5個（約400g）
みょうが … 8個（約80g）
しょうが … 30g
塩 … 約10g ＊野菜の総重量の2%
梅酢入りもみしそ（市販）… 70g

作り方

① なすはヘタを落とし、長さを半分にしてから縦に
　6等分のくし形切り、みょうがは縦に6等分のくし
　形切り、しょうがはせん切りにする。

② ボウルに①、塩を入れて軽くもみ込む。

③ ボウルに水を入れて②に重ね、20分ほど置く（ま
　たは手でしっかりもむ）。野菜の水が上がれば
　OK。

④ ③の水けをしっかりしぼってボウルに入れ、もみ
　しそをほぐしながら梅酢ごと加えて全体を混ぜる。
　ビニール袋に入れ、空気を抜いて袋の口を結ぶ。
　常温で半日漬けて料理に使える。

ピクルス感覚でちょい足しすれば華やかに

しば漬けのポテトサラダ

材料〔2人分〕

なすのしば漬け … 60g
じゃがいも … 中2個
塩 … 少々
A│マヨネーズ … 大さじ3〜4
　│塩 … 小さじ¼
　│黒こしょう … 少々

作り方

1　鍋にじゃがいも、塩、たっぷりの水を入れて中火にかけ、沸騰したら火を弱めて竹串がスッと通るまで20分ほどゆでる。

2　ゆで上がったじゃがいもの皮をむいてボウルに入れ、木べらでざっくりと潰す。

3　じゃがいもが冷めたら、しば漬け、Aを加えて混ぜ合わせる。

淡泊な鶏肉にしば漬けの深い旨味がなじむ

ささ身としば漬けのあえもの

材料〔2人分〕

なすのしば漬け … 50g
鶏ささ身 … 2〜3本（約100g）
塩 … 小さじ½
酒 … 大さじ1
米油 … 大さじ1
黒こしょう … 少々

作り方

1 ささ身は白い筋をとってボウルに入れ、塩、
酒を加える。ラップをかけて電子レンジで
2〜3分加熱し、粗熱がとれたらほぐす。

2 しば漬けを粗く刻んで1と合わせ、米油、
黒こしょうを加えてあえる。

食欲をそそる魚の香ばしさと、しば漬けの酸味

干ものとしば漬けの混ぜごはん

材料〔2人分〕

なすのしば漬け … 50g
あじの干もの … 1枚
大葉（せん切り）… 6枚分
白いりごま … 小さじ2
温かいごはん … 300g

作り方

1 干ものは魚焼きグリルで焼いて骨と皮を取
り除き、身をほぐす。

2 ボウルにしば漬け、ごはん、1を入れて
混ぜ合わせる。

3 皿に盛り付け、大葉といりごまをのせる。
全体を混ぜていただく。

白身魚のかわりに
帆立の刺し身で作るのもおすすめ

鯛のカルパッチョ
しば漬けソースがけ

材料〔2人分〕

なすのしば漬け … 25g

鯛の刺し身 … 1さく(約100g)

塩昆布 … 5g

オリーブオイル … 大さじ1

黒こしょう … 少々

作り方

1 鯛は2mm程度の薄いそぎ切りにし、皿に盛り付ける。

2 しば漬け、塩昆布はみじん切りにしてボウルに入れ、オリーブオイルを混ぜ合わせる。

3 1に2をのせてオリーブオイル(分量外)をかけ、黒こしょうをふる。

パンにトッピングするだけの
超簡単オードブル

しば漬けとカッテージチーズの
タルティーヌ

材料〔2人分〕

なすのしば漬け … 60g

バゲット(1.5cm幅) … 6切れ

カッテージチーズ … 100〜120g

オリーブオイル、黒こしょう … 各適量

イタリアンパセリ(あれば好みで) … 適量

作り方

1 バゲットはオーブントースターで軽く焼く。

2 1にカッテージチーズ、しば漬け、イタリアンパセリをちぎってのせ、オリーブオイルをかけて黒こしょうをふる。

玉ねぎのピクルス（p12）や
乳酸発酵にんじん（p56）をプラスしても美味

しば漬けバインミー

材料〔2人分〕

なすのしば漬け … 60g
豚こま切れ肉 … 100g
バゲット（長さ15cm）… 2本
米油 … 大さじ1
ナンプラー … 大さじ1
マヨネーズ … 適量
パクチー … 適量

作り方

1 フライパンに米油を中火で熱
し、豚肉を炒める。肉の色が
変わったらナンプラーを加えて
炒め、冷ましておく。

2 バゲットは厚みの半分のところ
に切り込みを入れる。オーブン
トースターで軽く焼き、切った
面にマヨネーズを塗る。

3 切り込みに1、粗く刻んだしば
漬けとパクチー（ⓐ）を順に重
ねて挟む。
＊お好みで泡辣椒（p94）を
刻んで入れても。

a

しょうがの梅酢漬け

自然な色が魅力の自家製紅しょうが。
薬味、彩り、料理のアクセントに重宝

（保存｜冷蔵）

3か月間

材料〔作りやすい分量〕
しょうが … 約300g
梅酢（市販）… 1カップ

作り方

① しょうがは皮をむきせん切りにする。

② 鍋に湯を沸かし、①を入れて2〜3秒ゆでる。ザルにあげて水けをきる。

③ 保存容器に②を入れて梅酢をかぶるくらいまで注ぐ。漬けてすぐ料理に使える。

梅酢

梅を塩漬けにしたときに出る液体のこと。赤じそを使った赤梅酢を使用。

ごはんにのせてかき揚げ丼にするのも◎

豚こまとしょうがのかき揚げ

材料〔2人分〕

しょうがの梅酢漬け … 大さじ3

豚こま切れ肉 … 150g

〈ころも〉

　薄力粉 … 大さじ3

　片栗粉 … 大さじ1

　ベーキングパウダー … 小さじ1

　酢 … 小さじ½

　水 … 大さじ3

揚げ油（米油）… 適量

作り方

1 ボウルに〈ころも〉の粉類を先に入れて軽く混ぜ、酢、水を加えて泡立て器で混ぜ合わせる。しょうが、豚肉を加える。

2 フライパンに揚げ油を180℃で熱し、大きめのスプーンで1をすくい入れてカリッとするまで揚げる。

ふわふわのすり身に
しょうがの辛みが好相性

玉ねぎ入りさつま揚げ

材料〔5〜6個分〕

しょうがの梅酢漬け … 25g
生たらの切り身 … 1切れ（約150g）
玉ねぎ … 70g
山芋 … 40g
A｜片栗粉 … 大さじ1
　｜塩 … 小さじ½
　｜砂糖 … 小さじ1
　｜酒 … 大さじ1
揚げ油（米油） … 適量

作り方

1 たらは骨と皮をとって2〜3cmほどの大き
　さに切り、山芋は小さく切る。フードプロセッ
　サーに入れ、Aを加えてなめらかになるま
　で攪拌する。

2 玉ねぎは薄切りにしてボウルに入れ、しょ
　うが、1を加えてよく混ぜ合わせる。

3 フライパンの底から1cm程度まで揚げ油を
　入れ、中火にかける。中温になったら大
　きめのスプーンで2をすくい落とし、揚げ
　焼きにする（ⓐ）。片面が焼けたら裏返し
　て火を通す（ⓑ）。

a

b

しょうがのちょい足しで味がグッと引き締まる

マカロニサラダ

材料〔2人分〕
しょうがの梅酢漬け … 10g
マカロニ … 40g
ハム … 2枚
きゅうり … ½本

A｜マヨネーズ … 大さじ2
　｜塩 … 小さじ¼
　｜黒こしょう … 少々
オリーブオイル … 大さじ1

作り方

1 マカロニは袋の表示時間通りにゆでる。
　 冷水にとってザルにあげ、オリーブオイル
　 を混ぜておく。

2 ハムは長さ2cmのせん切り、きゅうりは薄
　 い輪切りにしてボウルに入れ、1、しょうが、
　 Aを加えて混ぜ合わせる。

ほのかな辛味がクセになる

紅しょうがの
サワードリンク

材料 & 作り方

グラスにしょうが大さじ1、
焼酎、炭酸水（無糖）、氷（各
適量）を入れて軽く混ぜる。

しょうが入りの酢飯を包んで、食べ飽きない味に

紅おいなりさん

材料〔6個分〕

しょうがの梅酢漬け … 大さじ2

油揚げ … 3枚

白いりごま … 大さじ1½

ごはん（少し硬めに炊く）… 1合分

A | しょうゆ … 大さじ1½
　 | 砂糖 … 大さじ1
　 | みりん、酒 … 各大さじ1
　 | 水 … ½カップ

B | 酢 … 大さじ1½
　 | 砂糖 … 大さじ1
　 | 塩 … 小さじ½

作り方

1 油揚げをまな板に置いて、めん棒や菜箸などを全体に転がし、横半分に切って袋状に開く。鍋に湯を沸かし、3分ほどゆでて水にとり、水けをしぼる。

2 鍋にA、1を入れて落としぶたをし（なければクッキングシートをかぶせ）、中火にかける。沸騰したら弱火にして煮汁がなくなるまで煮込む。

3 炊き上がったごはんをすし桶（またはボウル）に入れ、混ぜ合わせたBを回しかける。うちわなどであおぎながらよく混ぜ、しょうが、いりごまを混ぜ合わせてよく冷ます。

4 2が冷めたら汁けをよくきり、3を詰める。
＊お好みで油揚げを裏返して詰めても。

しょうがのピンク色が目をひく
華やかごはん

五目しょうがチャーハン

材料〔2人分〕

しょうがの梅酢漬け … 20g
卵 … 1個
チャーシュー（市販）… 30g
かまぼこ … 20g
長ねぎ … ½本
温かいごはん … 300g
ごま油 … 大さじ3
A｜しょうゆ … 小さじ2
　｜塩、こしょう … 各少々

作り方

1 チャーシュー、かまぼこは粗いみじん切り、長ねぎはみじん切りにする。

2 フライパンにごま油を中火で熱し、卵を割り入れごはんを加えて炒める。

3 卵がなじんだら1を加えて炒め、しょうがも入れてサッと炒める。Aを加えて軽く炒め合わせる。

添えものを主役にして混ぜ込む

しょうがたっぷり焼きそば

材料〔2人分〕

しょうがの梅酢漬け … 40g
みょうが … 4個
中華蒸し麺 … 2袋（320g）
米油 … 大さじ4
しょうゆ … 大さじ1
黒こしょう … 少々

作り方

1 みょうがはせん切りにする。麺は袋を少し切り、電子レンジで1分加熱する。

2 フライパンに米油を中火で熱し、麺をほぐしながらしっかり炒める。しょうが、みょうがを加えて軽く炒め、しょうゆ、黒こしょうで味をととのえる。

47

保存｜冷蔵
1週間

独特の香りをもつセロリに
魚醤のコクをプラス

セロリのナンプラー漬け

材料〔作りやすい分量〕

セロリ … 1株（約550g）
赤唐辛子 … 1本
A｜ナンプラー … 大さじ3
　｜砂糖 … 大さじ1
　｜酢 … 大さじ1

作り方

1 セロリは筋をとって葉ごと乱切りにする。ボウルに入れてAを加え、軽く手でもむ。

2 赤唐辛子とともにビニール袋に入れ、空気を抜いて袋の口を結ぶ。漬けて1時間後から料理に使える。

お好みで青唐辛子を
加えるとピリ辛に！

えびのエスニックサラダ

材料〔2人分〕

セロリのナンプラー漬け … 150g
えび（殻付き・ブラックタイガー）… 10尾
パクチー … 1株
紫玉ねぎ … ½個
レモンのしぼり汁 … ½個分
セロリの漬け汁 … 少々
青唐辛子（または泡辣椒→p94）の
　小口切り … 1本分

作り方

1 えびは背わたをとって殻をむき、片栗粉大さじ1、塩小さじ½（各分量外）をもみ込んで水で洗い、熱湯でゆでて水けをきる。紫玉ねぎは薄切りにして水にさらしてから水けをきる。パクチーはざく切りにする。

2 ボウルにセロリ、えび、紫玉ねぎ、青唐辛子、レモン、漬け汁を入れてあえ、パクチーを加えて軽く混ぜる。

にんにくの
パンチが効いた
スタミナおかず

セロリの豚肉炒め

材料〔2人分〕

セロリのナンプラー漬け … 150g
豚こま切れ肉 … 150g
ブロッコリー … ⅓株
にんにく（薄切り）… 1かけ分
米油 … 大さじ2
A｜セロリの漬け汁 … 少々
　｜黒こしょう … 適量

作り方

1 ブロッコリーはひと口大に切る。

2 フライパンに米油を中火で熱してにんにくを入れ、香りが立ったら豚肉を加える。肉の色が変わったら1、セロリを加えて炒め合わせる。

3 野菜がしんなりしたら、Aを加えて味をととのえる。

Part

塩でじっくり漬け込む
つくりおき発酵野菜と
アレンジごはん

塩と野菜をなじませ、ゆっくり時間をかけて漬け込む乳酸発酵漬け。
旨味が溶け出した漬け汁もおいしい調味料に。
野菜がもっている乳酸菌で発酵が進み、
酢を使わないのに、ほどよい酸味が出るのが特徴です。

ザワークラウト

キャベツを塩でもみ
乳酸発酵させたドイツの保存食。
肉料理との相性が抜群

保存｜冷蔵
6か月間

材料〔作りやすい分量〕
キャベツ … 1個（約1kg）
塩 … 約20g ＊キャベツの重量の2%
ローリエ … 1枚

作り方

① キャベツは4等分に切って芯を取り除き、5mm幅の細切りにする。

② ボウルに①、塩を入れてしんなりするまでよくもみ込む。

③ ビニール袋に移しローリエを入れ、空気を抜いて袋の口を結ぶ。常温で3日〜1週間ほど漬け、葉の緑色が抜けて酸味が出てきたら軽くもんでできあがり。料理に使える。

ネパール風の蒸し餃子を
気軽にフライパン調理

モ モ

材料〔20個分〕

ザワークラウト … 100g

鶏ひき肉 … 100g

玉ねぎ … 1/6個

パクチーの茎 … 1株分

A｜にんにく（みじん切り）… 1かけ分
　｜しょうが（みじん切り）… 1かけ分
　｜ごま油 … 大さじ1
　｜ガラムマサラ、クミンシード
　｜　… 各小さじ1/2

餃子の皮 … 20枚

ごま油 … 大さじ1

〈 ソース 〉

　トマトピューレ … 大さじ3
　プレーンヨーグルト（無糖）… 大さじ1
　玉ねぎ（みじん切り）… 大さじ1
　にんにく（すりおろし）… 1かけ分
　しょうが（すりおろし）… 1かけ分
　チリパウダー … 小さじ1/4
　米油 … 大さじ1

パクチーの葉 … 適量

作り方

1 玉ねぎ、パクチーの茎はみじん切りにして
ボウルに入れる。水けをきったザワークラ
ウト、ひき肉、Aを加えて手でよくこねる。

2 餃子の皮に1の1/20量をのせ、皮のふち
に水をつける。親指と人差し指でひだを
寄せながら、生地を中心に集めて閉じる
（ⓐ）。残りも同様に包む。

3 フライパンにごま油を中火で熱し、2を並
べ入れてふたをし、4〜5分焼く。

4 皿に盛り付けてパクチーを飾り、混ぜ合
わせた〈ソース〉を小皿で添える。ディップ
しながらいただく。

51

ザワークラウトの複雑な旨味が肉と野菜にしみる

シュークルート

材料〔2人分〕
ザワークラウト … 200g
豚バラ肉（厚切り）… 300g
ベーコン（厚切り）… 300g
ソーセージ … 4本
玉ねぎ … 1個
じゃがいも … 2個
オリーブオイル … 大さじ2

A｜ローリエ … 1〜2枚
　｜クローブ（ホール）… 2粒
　｜塩、黒こしょう … 各少々
　｜白ワイン … 大さじ1
　｜水 … 3カップ
塩 … 小さじ1
黒こしょう … 少々
粒マスタード … 適量

作り方

1 玉ねぎはくし形切り、じゃがいもは皮をむい
　て半分に切る。豚肉に塩、黒こしょうをふる。

2 鍋にオリーブオイルを中火で熱し、玉ねぎを
　しんなりするまで炒める。豚肉、ベーコンを
　入れ、それぞれの両面に焼き色をつける。

3 中火のまま、ザワークラウト、ソーセージ、
　Aを入れてふたをし、沸騰したら弱火で40
　分ほど煮込む（ⓐ）。

4 じゃがいもを加え、竹串がスッと通るまでさ
　らに30分ほど弱火で煮込む。器に盛り、
　粒マスタードを添える。

ザワークラウトの酸味で
さっぱり食べられる

コンビーフのホットサンド

材料〔2人分〕
ザワークラウト … 60g
コンビーフ … 1缶（80g）
食パン（6枚切り）… 2枚
バター … 大さじ2
ピクルス（あれば好みで）… 適量

作り方

1 パンはそれぞれ片面にバターを塗る。
1枚にほぐしたコンビーフ、ザワーク
ラウトをのせ、もう1枚のパンで挟む。

2 フライパンを中火で熱し、1を入れてフ
ライ返しなどで強く押さえつけながら焼
き、途中で裏返して両面をこんがり焼く。

3 取り出して4等分に切り、皿に盛って
ピクルスを添える。

とろみを出すもち麦で作る
濃厚クリームスープ

もち麦のクリームスープ

材料〔2人分〕
ザワークラウト … 100g
鶏ささ身 … 2本（約100g）
もち麦 … 50g
玉ねぎ … ½個
酒 … 大さじ1
水 … 3カップ
生クリーム（乳脂肪分45%）… ½カップ
オリーブオイル … 大さじ1
イタリアンパセリ（あれば好みで）… 1本

作り方

1 鍋に酒、水を入れて中火にかけ、沸騰し
たらささ身をゆでる。火が通ったら取り出し
てほぐす（ゆで汁はそのままスープに使う）。
もち麦はゆでて水けをきる。

2 玉ねぎは5mmほどの角切りにし、ザワークラ
ウト、ほぐしたささ身、ゆでたもち麦とともに
1の鍋に入れ、ふたをして15分ほど煮込む。

3 生クリームを加え、塩、黒こしょう（各分量外）
で味をととのえる。器によそい、イタリアン
パセリをちぎって散らし、オリーブオイルを回
しかける。

漬け込んだキャベツ特有の
旨味がじんわり

コールスローサラダ

材料〔2人分〕

ザワークラウト … 100g
にんじん … 30g
玉ねぎ … ⅛個
パセリ … 1本
マヨネーズ … 大さじ2

作り方

1 にんじんはせん切り、玉ねぎは薄切り、パセリはみじん切りにしてボウルに入れる。ザワークラウトの水けをきって加え、マヨネーズであえる。

しらす干しの塩けがやさしい
箸休めおかず

しらすのオリーブオイルあえ

材料〔2人分〕

ザワークラウト … 80g
しらす干し … 40g
オリーブオイル … 大さじ2
黒こしょう … 少々

作り方

1 ザワークラウトは水けをしぼってボウルに入れ、しらす干し、オリーブオイル、黒こしょうを加えてあえる。

乳酸発酵にんじん

漬け込むことで、
にんじんのクセが
やわらぎ甘みが凝縮。
酸味もほどよい

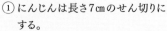

材料〔作りやすい分量〕
にんじん … 4本（約600g）
塩 … 約12g ＊にんじんの重さの2%

保存｜冷蔵
1か月間

作り方

① にんじんは長さ7㎝のせん切りに
する。

② ボウルに①、塩を入れてしんなり
するまでもみ込む。

③ ビニール袋に入れ、空気を抜い
て袋の口を結ぶ。常温で3日〜
1週間ほど漬け、酸味が出てきた
らできあがり。料理に使える。

刺激的なクミンの香りでごはんが進む

豚肉のエスニック炒め

材料〔2人分〕

乳酸発酵にんじん … 70g

豚こま切れ肉 … 100g

ピーマン … 2個

A｜にんにく（みじん切り）… 1かけ分
　｜しょうが（みじん切り）… 1かけ分
　｜クミンシード … 小さじ1

ナンプラー … 小さじ2

ごま油 … 大さじ2

作り方

1　ピーマンは縦半分に切って細切りにする。

2　フライパンにごま油、Aを入れて中火で熱し、香りが立ったら豚肉を加えて炒める。

3　肉の色が変わったらにんじん、ピーマンを入れ、ナンプラーを加えて軽く炒め合わせる。

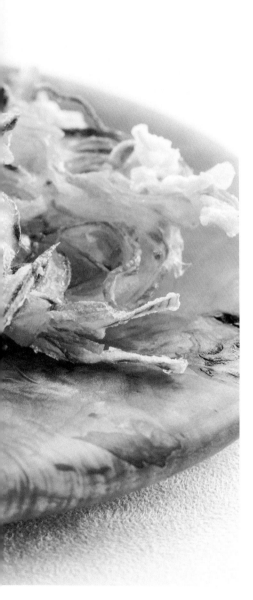

揚げることで野菜の甘みを
しっかり引き出す

にんじんと玉ねぎのかき揚げ

材料〔5〜6個分〕
乳酸発酵にんじん … 50g
玉ねぎ … ¼個
〈 ころも 〉
　薄力粉 … 大さじ2
　片栗粉 … 大さじ1
　ベーキングパウダー … 小さじ½
　酢 … 小さじ½
　水 … 大さじ3
揚げ油（米油）… 適量

作り方

1　ボウルに〈ころも〉の粉類を先に
　　入れて軽く混ぜ、酢、水を加え
　　て泡立て器で混ぜ合わせる。

2　玉ねぎは薄切りにして、にんじん
　　とともに1に入れる。

3　フライパンに揚げ油を180℃で熱
　　し、大きめのスプーンで2をすく
　　い入れる（ⓐ）。途中で裏返し、
　　カリッとするまで揚げる（ⓑ）。

もっちりとした生地に
チーズの塩けが絶妙

にんじんガレット

材料〔2人分〕
乳酸発酵にんじん … 100g
パセリ … 1本
片栗粉 … 大さじ3
粉チーズ … 20g
オリーブオイル … 大さじ2
イタリアンパセリ（あれば好みで）… 適量

作り方

1 パセリはみじん切りにしてボウルに入
れ、にんじん、片栗粉、粉チーズを
加えてゴムべらで混ぜ合わせる。

2 フライパンにオリーブオイルを中火で
熱し、1を流し入れる。全体にまんべ
んなく平らにならし、2〜3分ずつ両
面をこんがり焼く。切り分けて皿に盛り、
イタリアンパセリを添える。

フランスの定番サラダに
香ばしいアーモンドをプラス

キャロットラペ

材料〔2人分〕
乳酸発酵にんじん … 100g
玉ねぎ … 15g
レーズン … 30g
アーモンド … 15g
オリーブオイル … 大さじ2
塩 … 小さじ¼
黒こしょう … 少々

作り方

1 玉ねぎはみじん切り、アーモンドは粗
く刻む。

2 ボウルに、にんじん、1、レーズン、
オリーブオイルを入れてよく混ぜ合わ
せ、塩、黒こしょうで味をととのえる。

豆腐の水けをしっかりきってから
あえるのがコツ

にんじんと切り干し大根の白あえ

材料〔2人分〕
乳酸発酵にんじん … 50g
切り干し大根 … 10g
木綿豆腐 … ½丁(約175g)
砂糖 … 大さじ1
白練りごま … 大さじ1
薄口しょうゆ … 大さじ½

作り方

1 豆腐はキッチンペーパーで包んで上に重しを
のせ、厚みが3分の2程度になるまで水きり
する。

2 ボウルに1、砂糖、練りごまを入れて泡立て
器でよく混ぜ合わせる。

3 切り干し大根は水で戻して食べやすく切る。
水けをきったにんじんとともに2に加えてあえ
る。薄口しょうゆで味をととのえる。

福島県の郷土料理を
さきいかでアレンジ

簡単いかにんじん

材料〔2人分〕
乳酸発酵にんじん … 150g
さきいか … 25g
ごま油 … 大さじ1
黒こしょう(または七味唐辛子)
 … 少々

作り方

1 さきいかは細かく裂いてボウル
に入れる。にんじん、ごま油、
黒こしょうを加えてあえる。

乳酸発酵小松菜

野沢菜漬けのような風味。
炒めたり、刻んで混ぜたり
どんな料理に加えても
小気味よい食感

材料〔作りやすい分量〕
小松菜 … 3株（約800g）
塩 … 約16g ＊小松菜の重さの2%
赤唐辛子 … 1本

保存｜冷蔵
1か月間

作り方

① 小松菜は根を少し落とし、5cm幅
　に切る。

② ボウルに①、塩を入れてしんなり
　するまでもみ込む。茎が割れない
　ように気をつける。

③ ビニール袋に移して赤唐辛子を
　入れ、空気を抜いて袋の口を結
　ぶ。常温で3日〜1週間ほど漬け、
　酸味が出てきたらできあがり。料
　理に使える。

水分が出がちな炒めものも、発酵野菜なら失敗なし

中華風鶏肉炒め

材料〔2人分〕

乳酸発酵小松菜 … 70g

鶏もも肉 … 1枚（約300g）

長ねぎ … ½本

しいたけ … 2個

もやし … ¼袋（50g）

にんにく（薄切り）… 1かけ分

しょうが（薄切り）… 1かけ分

塩 … 小さじ½

黒こしょう … 少々

ごま油 … 大さじ1½

A｜酒 … 大さじ1

　｜オイスターソース … 大さじ½

　｜しょうゆ … 大さじ½

　｜黒こしょう … 少々

作り方

1 鶏肉はひと口大に切って塩、黒こしょうを
ふる。長ねぎは斜め薄切り、しいたけは
石づきをとって4等分に切る。もやしはひ
げ根をとる。

2 フライパンにごま油を中火で熱し、にんにく、
しょうがを炒める。香りが立ったら鶏肉を
入れ、色が変わるまで炒める。

3 小松菜、長ねぎ、しいたけ、もやしを加
えて炒め合わせ、**A**で味をととのえる。

香ばしく焼いた皮をかじれば甘辛い具がたっぷり

小松菜の甘辛おやき

材料〔4個分〕

乳酸発酵小松菜 … 50g
豚こま切れ肉 … 100g
ごま油 … 大さじ1
米油 … 大さじ1
A｜酒 … 大さじ1
　｜しょうゆ … 小さじ1½
　｜七味唐辛子（あれば好みで）… 適量

B｜強力粉 … 150g
　｜砂糖 … 大さじ1
　｜塩 … ひとつまみ
　｜ドライイースト … 2g
　｜米油 … 大さじ1
　｜ぬるま湯（約40℃）… ½カップ

作り方

1 小松菜は粗いみじん切り、豚肉は小さ
　く刻む。フライパンにごま油を中火で熱
　して豚肉を炒め、色が変わったら小松
　菜、Aを加えて炒め合わせ冷ましておく。

2 ボウルにBの粉類をふるい入れ、米油、
　ぬるま湯を加えて菜箸で混ぜる。水分
　がなじんだら手でこね、生地がなめら
　かになりツヤが出たらラップをして30分
　ほど置く。

3 生地が2倍にふくらんだら4分割する。
　1つを直径約10cmに丸くのばして1の
　¼量をのせ、対角線上の生地同士を
　くっつけながら手早く包む（ⓐ）。閉じ目
　には打ち粉（分量外）をする。残りも同
　様に包む。

4 フライパンに米油を弱火で熱し、3を
　並べ入れふたをして焼く。5分経ったら
　裏返し、再度ふたをして5分加熱し、
　両面をこんがりと焼く。

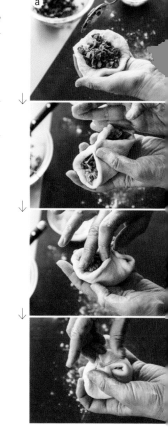

a

サッと混ぜてすぐできるので
お弁当にも◎

じゃこ菜おむすび

材料〔小さめ2個分〕
乳酸発酵小松菜 … 30g
ちりめんじゃこ … 10g
白いりごま … 小さじ1
温かいごはん … 200g

作り方

1 小松菜はみじん切りにしてボウル
に入れ、ちりめんじゃこ、いりごま、
ごはんを加えて混ぜ合わせる。2
等分にして軽くにぎる。

油で炒めてから
煮ることでコクが出る

小松菜と油揚げの炒め煮

材料〔2人分〕
乳酸発酵小松菜 … 100g
油揚げ … 1枚
にんじん … ½本
米油 … 大さじ2
みりん … 大さじ2
しょうゆ … 大さじ½

作り方

1 油揚げは細く切り、にんじんはせん切り
にする。

2 フライパンに米油を中火で熱し、にんじ
んを炒める。しんなりしたら油揚げ、小
松菜を入れて炒め合わせ、みりん、しょ
うゆで味をととのえる。

発酵野菜の旨味が
ごはんになじんで風味満点

小松菜チャーハン

材料〔2人分〕

乳酸発酵小松菜 … 70g

卵 … 1個

長ねぎ … ½本

白いりごま … 小さじ1

温かいごはん … 300g

ごま油 … 大さじ2

しょうゆ … 大さじ½

黒こしょう … 少々

作り方

1 小松菜は小さく刻み、長ねぎはみじん切りにする。

2 フライパンにごま油を中火で熱し、卵を割り入れごはんを加えて炒める。

3 卵がなじんだら1、いりごまを加えて炒め合わせ、しょうゆ、黒こしょうで味をととのえる。

香ばしいしょうゆ味の麺に
卵黄をからめてどうぞ

小松菜の焼きうどん

材料〔2人分〕

乳酸発酵小松菜 … 80g

玉ねぎ … ⅛個

卵黄 … 2個分

にんにく（薄切り） … 1かけ分

赤唐辛子 … 1本

冷凍うどん … 2袋（360g）

米油 … 大さじ3

しょうゆ … 小さじ2

削り節 … 4g

作り方

1 玉ねぎは薄切りにする。冷凍うどんは袋の表示時間通りに電子レンジで解凍する。

2 フライパンに米油、にんにく、赤唐辛子を入れて中火にかけ、香りが立ったら小松菜、玉ねぎを炒めてうどんを加える。

3 全体を炒め合わせてしょうゆで味をととのえる。皿に盛り、削り節をかけて真ん中に卵黄をのせる。

きのこの塩水漬け

4種類のきのこを
使って、それぞれが
もつ香りと旨味を凝縮。
複雑な味わいに

保存｜冷蔵
2週間

材料〔作りやすい分量〕

お好みのきのこ … 約500g
　（今回はしいたけ、えのきたけ、しめじ、まいたけ）
塩 … 約18g ＊水の重さの3%
水 … 3カップ
赤唐辛子 … 1本

作り方

① きのこはすべて石づきをとる。しいたけは薄切り、えのきたけとまいたけは長さを半分に切って食べやすくほぐし、しめじは小房に分ける。

② 鍋に湯を沸かし、1を入れて2秒ゆでる。ザルにあげ、水けをしっかりきる。

③ 水と塩をよく混ぜて塩水を作る。保存容器に2、赤唐辛子を入れて塩水を注ぎよく混ぜる。清潔なスプーンなどで毎日1回混ぜて常温で2〜4日漬け、酸味が出てきたらできあがり。料理に使える。

アクのような白い膜（産膜酵母→p10）が出たら、キッチンペーパーなどで軽く押さえるように取り除く。

ふわふわのハンバーグに和風のあんがとろり

豆腐ハンバーグの
きのこあん

材料〔4個分〕

きのこの塩水漬け … 150g

木綿豆腐 … ½丁（約175g）

玉ねぎ … ¼個

大葉 … 6枚

A｜鶏ひき肉 … 200g
　｜卵 … 1個
　｜酒 … 大さじ1
　｜塩 … 小さじ¼
　｜黒こしょう … 少々

米油 … 大さじ2

オリーブオイル … 大さじ2

B｜みりん … 大さじ2
　｜しょうゆ … 大さじ1
　｜水 … ½カップ

〈 水溶き片栗粉 〉
　片栗粉小さじ1 ＋ 水大さじ1

作り方

1 玉ねぎはみじん切り、大葉はせん切りにする。豆腐はキッチンペーパーで包んで上に重しをのせ、厚みが3分の2程度になるまで水をきる。

2 ボウルに1、Aを入れ、手でよくこねる。4等分にし、空気を抜くようにして楕円形にまとめる。

3 フライパンに米油を中火で熱し、ふたをして2を焼く。4〜5分経ったら裏返し、さらに2分焼いて両面がこんがり焼けたら皿に取り出す。

4 小鍋にオリーブオイルを中火で熱し、きのこを炒めBを加える。煮立ったら〈水溶き片栗粉〉を入れて混ぜ合わせ、とろみがついたら3にかける。

はちみつを使ったコク深い味で、ごはんにもパンにも◎

きのことチキンのバルサミコ炒め

材料〔2人分〕

きのこの塩水漬け … 150g
鶏もも肉 … 1枚（約300g）
玉ねぎ … ½個
にんにく（薄切り）… 1かけ分
オリーブオイル … 大さじ2
A｜バルサミコ酢 … 大さじ2
　｜はちみつ … 大さじ1
　｜塩 … 小さじ½
　｜黒こしょう … 少々
刻みパセリ（あれば好みで）… 適量

作り方

1 鶏肉と玉ねぎは、それぞれひと口大に切る。

2 フライパンにオリーブオイルを中火で熱し、鶏肉の皮面を下にして入れる。焼き色がついたら、にんにく、玉ねぎを加えて炒め合わせる。

3 玉ねぎがしんなりしたら、きのこを加えて炒め、Aで味をととのえる。皿に盛り付けてパセリを散らす。

ロシアの煮込み料理をきのこの旨味でレストラン級に

ビーフストロガノフ

材料〔2人分〕

きのこの塩水漬け … 150g
牛切り落とし肉 … 200g
玉ねぎ … 1個
にんにく(薄切り) … 1かけ分
バター … 大さじ2
生クリーム(乳脂肪分45%) … ½カップ
塩 … 小さじ½
黒こしょう … 少々
パプリカパウダー(あれば好みで) … 適量
A｜ローリエ … 1枚
　｜白ワイン … 大さじ3
　｜水 … 1½カップ
〈 バターライス 〉
　温かいごはん … 300g
　バター … 大さじ2
　刻みパセリ … 適量

作り方

1 玉ねぎは1.5cm幅のくし形切りにする。〈バターライス〉の材料をボウルに混ぜ合わせる。

2 フライパンにバターを中火で熱し、にんにく、玉ねぎをしんなりするまで炒める。牛肉を入れて炒め合わせ、きのこ、Aを加え、ふたをして中火で10分ほど煮込む。

3 塩、黒こしょうで味をととのえ、生クリームを回し入れる。

4 皿にバターライス、3を盛り付け、パプリカパウダーをふる。

ごぼうやれんこんの歯ざわりが楽しい

根菜のホットサラダ

材料〔2人分〕

きのこの塩水漬け … 150g
ごぼう … 80g
れんこん … 80g
にんにく（みじん切り）… 1かけ分
赤唐辛子（半分に折る）… 1本
オリーブオイル … 大さじ2
A｜はちみつ … 大さじ1½
　｜バルサミコ酢 … 大さじ1
　｜しょうゆ … 小さじ1
　｜黒こしょう … 少々

作り方

1 ごぼうはささがきにし、れんこんは厚
　さ5mmの半月切りにする。

2 フライパンにオリーブオイル、にんにく、
　赤唐辛子を入れて中火にかけ、香
　りが立ったら1を炒める。

3 火が通ったらきのこを加えて炒め合
　わせ、Aをからめて味をととのえる。

きのこの塩水漬けは
できたてを使うのがおすすめ

きのこのタルティーヌ

材料〔2人分〕
きのこの塩水漬け … 60g
バゲット（1.5cm幅）… 6切れ
オリーブオイル … 大さじ2
にんにく（薄切り）… 1かけ分
ディル（あれば好みで）… 適量

作り方

1 フライパンにオリーブオイル、にんにくを入れて中火にかけ、にんにくが色づいたら取り出す。バゲットを両面こんがりと焼く。

2 バゲットを皿に盛り、きのこ、にんにく、ディルをちぎってのせる。
＊産膜酵母（p10）が出たきのこを使う場合は、1でにんにくと一緒に加熱して作る。

ひとさじで口いっぱいに
広がる豊かな香り

きのことじゃがいものポタージュ

材料〔2人分〕
きのこの塩水漬け … 60g
じゃがいも … 中1個
玉ねぎ … ¼個
バター … 大さじ1
塩 … 小さじ½
黒こしょう … 適量
水 … 2½カップ
オリーブオイル … 適量

作り方

1 じゃがいも、玉ねぎは薄切りにする。鍋にバターを入れて中火で熱し、玉ねぎを入れてきつね色になるまで炒める。

2 きのこ、じゃがいも、水を加えて10分ほど煮る。じゃがいもが柔らかくなったら火を止めて冷ます。

3 粗熱がとれたらミキサーにかけてなめらかにし、鍋に戻し入れて温める。塩、黒こしょうで味をととのえ、器に注いでオリーブオイルを回しかけ、黒こしょうをふる。

乳酸発酵白菜

中国では酸菜として
食べられる漬けもの。
旨味たっぷりの漬け汁は
味つけにも一役

材料〔作りやすい分量〕

白菜 … ½個（約1kg）
塩 … 約20g ＊白菜の重さの2%
赤唐辛子 … 1本

| 保存 | 冷蔵 |

6か月間

作り方

① 白菜は半分に切って芯を取り除き、
1cm幅に切る。

② ボウルに①、塩を入れてしんなり
するまでもみ込む。

③ ビニール袋に赤唐辛子とともに入
れ、空気を抜いて袋の口を結ぶ。
常温で3日〜1週間ほど置き、酸
味が出てきたらできあがり。料理
に使える。

＊アクのような白い膜（産膜酵母→
p10）が出てきたら早めに食べきる。

白菜とたらがおいしい冬に作りたい中国料理

春雨入り酸菜魚
サンツァイユー

材料〔2人分〕

乳酸発酵白菜 … 150g

生たらの切り身 … 2切れ

乾燥春雨 … 70g

ナンプラー … 大さじ1

塩 … 小さじ¼

黒こしょう … 少々

片栗粉 … 適量

ごま油 … 大さじ1

酒 … 大さじ1

水 … 1½カップ

A にんにく（薄切り） … 1かけ分
しょうが（薄切り） … 1かけ分
赤唐辛子 … 1本
花椒（ホール）（ホアジャオ） … 小さじ½

パクチーの葉（あれば好みで） … 適量

作り方

1 たらは1切れを3等分にし、塩、黒こしょうをふって片栗粉をまぶす。

2 鍋にごま油を中火で熱してAを入れ、香りが立ったら白菜を加えサッと炒める。

3 酒、水、春雨を加え、煮立ったら1を入れて（ⓐ）ふたをする。

4 5分ほど煮込み、ナンプラーで味をととのえる。皿に盛り、パクチーをのせる。

＊お好みで泡辣椒（p94）を入れても。

残ったスープで作る〆の麺も格別！

豚肉と酸菜の鍋

材料〔2人分〕

乳酸発酵白菜 … 200g
豚ロース切り落とし肉 … 200g
長ねぎ … ½本
干しえび … 10g
A｜にんにく（薄切り）… 1かけ分
　｜しょうが（薄切り）… 1かけ分
　｜酒 … 大さじ3
　｜水 … 2½カップ
〈 タレ 〉
　白練りごま … 大さじ2
　みりん … 大さじ2
　塩こうじ … 大さじ1
〈 〆の麺 〉
　生中華麺 … 1袋（100g）
　万能ねぎの小口切り … 適量

作り方

1 長ねぎは斜め薄切りにする。鍋に白
　菜、長ねぎ、干しえび、Aを入れて
　中火にかける。

2 沸騰したら弱火にして豚肉を加え、
　肉の色が変わるまで煮る。

3 小さい器に〈タレ〉の材料を混ぜ合
　わせ、具材につけながらいただく。
　＊〈〆の麺〉具材を食べ終わった鍋に麺を
　入れ、ひと煮立ちしたら万能ねぎを散らす。

かみしめるごとに旨味がジュワッとあふれ出す

酸菜の焼き餃子

材料〔約20個分〕
乳酸発酵白菜 … 120g
豚ひき肉 … 100g
餃子の皮 … 20枚
にら … 2束
ごま油 … 大さじ2
A｜しょうが（みじん切り）
　　… 1かけ分
　｜みそ … 小さじ1
　｜黒こしょう … 少々
　｜ごま油 … 大さじ1

作り方

1 にらはみじん切りにしてボウルに入れ、白菜、ひき肉、**A**を加えて手でよく混ぜ合わせる。

2 餃子の皮に *1* の 1/20 量をスプーンですくってのせ、皮のふちに水をつけてひだを寄せながら包む。残りも同様に包む。

3 フライパンにごま油を中火で熱し、*2* を並べ入れる。1分ほど焼いて水50mℓ（分量外）を加え、ふたをして5〜10分ほど蒸し焼きにする。ふたをとり、皮がパリッとするまで焼く。

酸っぱ辛いさっぱり味がクセになる

辣白菜 ラーパーツァイ

材料〔2人分〕
乳酸発酵白菜 … 200g
A｜赤唐辛子（半分に折る）… 1本
　｜砂糖 … 大さじ1
　｜ごま油 … 大さじ1

作り方

1 白菜の水けをきってボウルに入れ、**A**を加えてよく混ぜる。

シチュー感覚でパンやごはんと一緒に

白菜のクリーム煮

材料〔2人分〕

乳酸発酵白菜 … 150g
ベーコン（ブロック）… 100g
しめじ … ½パック（約50g）
牛乳 … 1½カップ
バター … 大さじ1

塩 … 小さじ½
黒こしょう … 適量
〈 水溶き片栗粉 〉
　片栗粉小さじ1
　＋水大さじ1

作り方

1 ベーコンは拍子木切りにし、しめじは石づき
　をとって小房に分ける。

2 フライパンにバターを中火で熱して1を炒め、
　白菜も加えて炒め合わせる。

3 白菜がしんなりしたら牛乳を加え、煮立った
　ら〈水溶き片栗粉〉を入れて混ぜる。とろみ
　がついたら塩、黒こしょうで味をととのえ、器
　によそって黒こしょう少々をふる。

豆腐は大きめに切ってくずしながら召し上がれ

白菜と豆腐のうま煮

材料〔2人分〕

乳酸発酵白菜 … 150g
鶏ひき肉 … 250g
木綿豆腐 … 1丁（約350g）
長ねぎ … ½本
にんにく（みじん切り）… 1かけ分
しょうが（みじん切り）… 1かけ分
ごま油 … 大さじ2

A｜酒 … 大さじ1
　｜塩こうじ … 小さじ1
　｜水 … 1½カップ
〈 水溶き片栗粉 〉
　片栗粉小さじ1
　＋水大さじ1
塩、黒こしょう
　… 各少々

作り方

1 豆腐は半分に切り、長ねぎは斜め薄切りにする。

2 フライパンにごま油、にんにく、しょうがを入れて中
　火にかけ、香りが立ったらひき肉を加えて炒める。

3 白菜、豆腐、Aを加えて3分ほど煮込み、〈水溶き
　片栗粉〉を回し入れて混ぜる。とろみがついたら長
　ねぎを入れる。塩、黒こしょうで味をととのえる。

白菜キムチ

材料は植物性のものだけ。
漬けてすぐの浅漬けから、
熟成させて好みの味に育てる

保存│冷蔵

2週間

③で取り分けたヤンニョムは冷蔵で1か月保存可。大根やきゅうりをあえれば即席キムチに。

材料〔作りやすい分量〕
白菜 … ½個（約1kg）
〈キムチベース（ヤンニョム）〉
　りんご … 1個（約300g）
　にんじん … 1本（約150g）
　にら … 1束（100g）
　にんにく（すりおろし）
　　… 2かけ分
　しょうが（せん切り）… 1かけ分
　上新粉 … 大さじ2
　水 … ½カップ
　塩 … 小さじ1
A│韓国産唐辛子 … 100g
　│塩 … 大さじ2½
　│砂糖 … 大さじ2
　│しょうゆ … 大さじ3
　│刻み昆布 … 10g

作り方

① 白菜は縦半分に切って芯を取り除き、5cm角のざく切りにする。ボウルに入れて塩を加え、茎を割らないようにしてよくもみ込む。

② 小さめの鍋に上新粉、水を入れて弱火にかける。焦げつかないようにゴムべらで混ぜ、粘けが出るまで加熱し、粗熱をとる。

③ 〈キムチベース〉のりんごはすりおろし、にんじんは長さ5cmのせん切り、にらは長さ5cmほどに切って、材料すべてをボウルに入れる。Aと②を加え、手袋をはめた手で混ぜ合わせる。＊使うのは半量、残りは保存容器に移す。

④ ①の水けをきって加え、全体を混ぜながらしっかりもんでなじませる。ビニール袋に入れ、空気を抜いて袋の口を結ぶ。漬けてすぐは浅漬け、常温で2〜3日漬けて料理に使える。

乳酸発酵野菜があればナムルがとっても簡単

ビビンバ

材料〔2人分〕

白菜キムチ … 150g

乳酸発酵にんじん（→p56）… 40g

乳酸発酵小松菜（→p62）… 50g

もやし … ½袋（約100g）

牛こま切れ肉 … 100g

ごま油 … 小さじ1

コチュジャン … 小さじ2

温かいごはん … 300g

A｜白いりごま … 大さじ½
　｜ごま油 … 大さじ1
　｜ナンプラー … 小さじ1

作り方

1 もやしはひげ根をとって熱湯でさっとゆで、水けをきってボウルに入れ**A**であえる。にんじん、小松菜はそれぞれごま油小さじ1（分量外）であえる。

2 フライパンにごま油を中火で熱して牛肉を炒め、色が変わったらコチュジャンを加えて炒める。

3 ごはんを器に盛り、キムチ、1、2をのせ、混ぜながらいただく。

香ばしい生地の中にプリッとした牡蠣がたっぷり

牡蠣のチヂミ

材料〔2人分〕

白菜キムチ … 150g

牡蠣（むき身・加熱用）… 10個

卵 … 1個

A｜薄力粉 … 140g

　｜片栗粉 … 50g

　｜水 … 140mℓ

ごま油 … 大さじ3

作り方

1 ボウルに**A**の粉類を先に入れて菜箸で軽く混ぜ、水を2～3回に分けて入れながらよく混ぜ合わせる。卵を割り入れて溶き混ぜ、キムチも加えて混ぜる。

2 フライパンにごま油を中火で熱して*1*を流し入れ、牡蠣を全体にバランスよくのせる。

3 カリッとするまで片面をじっくり焼き、裏返して4～5分焼く。取り出して食べやすく切り分け、皿に盛る。

あさりのだしが効いた辛うまいスープでポカポカ

スンドゥブ・チゲ

材料〔2人分〕
白菜キムチ … 100g
豚こま切れ肉 … 100g
卵 … 1個
あさり（殻付き・砂抜きしたもの）… 100g
寄せ豆腐（または絹ごし豆腐）… 300g
長ねぎ … ¼本
にんにく（みじん切り）… 1かけ分
ごま油 … 大さじ1
A｜みそ … 大さじ1
　｜酒 … 大さじ1
　｜水 … 2カップ
ナンプラー … 小さじ1

作り方

1 長ねぎは斜め薄切りにする。鍋にごま油、にんにくを入れて中火にかけ、香りが立ったら豚肉、キムチを加え弱火で炒める。

2 肉の色が変わったらAを入れ、煮立ったら豆腐、あさりを加える。

3 あさりの口が開いたらナンプラーで味をととのえ、長ねぎを加えて卵を割り入れる。

さつまいもが原料の太い春雨を使って本場の味に

牛肉のチャプチェ

材料〔2人分〕

白菜キムチ … 150g

牛こま切れ肉 … 50g

乾燥春雨 … 50g

ごま油 … 大さじ2

酒 … 大さじ2

オイスターソース … 小さじ2

塩、黒こしょう … 各少々

白すりごま … 大さじ1

糸唐辛子（あれば好みで） … 適量

作り方

1 春雨は袋の表示時間通りにゆでて水けをきる。

2 フライパンにごま油を中火で熱し、牛肉、キムチを炒める。肉の色が変わったら1、酒、オイスターソースを加えてさらに炒め、塩、黒こしょうで味をととのえる。

3 皿に盛り、すりごまをふりかけ、糸唐辛子をのせる。

まったりとしたアボカドで辛みがまろやかに

アボカドキムチあえ

材料〔2人分〕

白菜キムチ … 150g
アボカド … 1個
ごま油 … 大さじ1
しょうゆ … 適量
焼きのり（全形）… ½枚

作り方

1 アボカドは種と皮を除き、ひと口大に切ってボウルに入れ、キムチ、ごま油、しょうゆを加えてあえる。

2 のりをちぎって加え、全体を軽くあえる。

キムチの旨味と
ふわふわ卵の甘みが溶け合う

シーフードと
厚揚げの卵キムチ炒め

材料〔2人分〕

白菜キムチ … 150g
冷凍シーフードミックス … 150g
厚揚げ … 1枚（約230g）
卵 … 1個
ごま油 … 大さじ2
ナンプラー … 小さじ1
黒こしょう … 適量

作り方

1 シーフードミックスは解凍する。厚揚げはひと口大に切る。卵は溶きほぐす。

2 フライパンにごま油の半量を中火で熱し、溶き卵を入れて木べらで大きく混ぜ、半熟になったら一旦取り出す。

3 残りのごま油をフライパンに入れて厚揚げを中火で焼き、シーフードミックスを加える。火が通ったらキムチを入れて炒め合わせる。

4 2を戻し入れ、ナンプラー、黒こしょうを加えてサッと炒める。

（保存｜冷蔵）
2か月間

使い切れなかったハーブを
全部混ぜて万能ソースに！

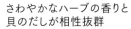

発酵ハーブ

材料〔作りやすい分量〕

お好みのハーブ … 約30g
　（今回はディル、イタリアンパセリ、
　バジル、大葉を使用）
塩 … 約6g ＊水の重さの3%
水 … 1カップ

さわやかなハーブの香りと
貝のだしが相性抜群

ハーブたっぷりボンゴレ・ビアンコ

材料〔2人分〕

発酵ハーブ … 大さじ2
あさり（殻付き・砂抜きしたもの）… 300g
にんにく（みじん切り）… 1かけ分
赤唐辛子 … 1本
オリーブオイル … 大さじ2
白ワイン … 大さじ1
パスタ（フジッリ）… 80g

作り方

1 フジッリは袋の表示時間通りにゆで、
　ゆで汁を70㎖取り分ける。

2 フライパンにオリーブオイル、にんにく、
　赤唐辛子を入れて中火にかけ、香り
　が立ったら、あさり、ゆで汁、白ワイ
　ンを加え3〜4分加熱する。

3 あさりの口が開いたらフジッリ、ハーブ
　を加えて2〜3分混ぜながらからめる。

作り方

1 ハーブはすべてみじん切りにし、保
　存容器に入れる。

2 水と塩をよく混ぜて濃度3%の塩水
　を作り、1に注ぎ入れる。常温で1
　〜3日漬けて料理に使える。

オイルとレモンをプラスして
絶品ドレッシングに

マッシュルームサラダ

材料〔作りやすい分量〕

発酵ハーブ … 大さじ2
オリーブオイル … 大さじ2
レモン汁 … 大さじ1
黒こしょう … 少々
ブラウンマッシュルーム … 6個

作り方

1 マッシュルームを薄切りにして皿に並
　べる。発酵ハーブ、オリーブオイル、
　レモン汁、黒こしょうをよく混ぜ合わ
　せてかける。

Part

万能調味料になる
つくりおき発酵野菜と
アレンジごはん

すりおろして漬けたり、漬けてから刻んだり。

発酵を経た野菜は、料理に少し入れるだけで風味が増しコクがアップ。

味つけが物足りないときにも活躍します。

サルチャ

トルコ料理で使われる
発酵させたトマトのペースト。
多めに作って冷凍保存が◎

材料〔作りやすい分量〕
トマト … 大10個（約2kg）
塩 … 大さじ1
パプリカパウダー（あれば好みで）
　… 大さじ1

保存｜冷蔵
3日間

保存｜冷凍
1か月間

保存袋に入れて冷
凍すると長持ち。
必要な分だけ折っ
て取り出せる。

作り方

① トマトはさいの目に切る。または、4等分
　に切ってフードプロセッサーにかける。

② 保存容器に入れて軽くふたを
　閉め、室内の温かいところに1
　日半程置く。発酵すると細か
　い泡が上がってくる（ⓐ）。

③ 鍋に②を移し、塩、パプリカパ
　ウダーを入れて強火にかける。
　煮立ったら中火にし、焦げつ
　かないよう木べらで混ぜながら
　弱火で40分ほど煮詰める（ハ
　ネやすいので注意する）。粗熱
　がとれたら保存容器などに移
　す。料理にすぐ使える。

a

トマトの濃厚な甘酸っぱさが淡泊な魚にマッチ

かじきグリルのサルチャ添え

材料〔2人分〕

サルチャ … 大さじ4

かじきまぐろの切り身 … 2切れ

塩 … 小さじ¼

黒こしょう … 少々

薄力粉 … 適量

オリーブオイル … 大さじ3

クレソン（あれば好みで）… 適量

作り方

1 かじきまぐろは塩、黒こしょうをふって薄
　力粉をまぶす。

2 フライパンにオリーブオイルを中火で熱し、
　1を入れて焼く。片面に焼き色がついた
　ら裏返して3〜4分焼く。

3 両面がこんがり焼けたら皿に取り出してサ
　ルチャをかけ、クレソンを添える。全体に
　オリーブオイル（分量外）をかける。

オリーブオイルを多めに使うと、なすがとろける食感に

なすのサルチャ炒め

材料〔2人分〕
サルチャ … 大さじ4
なす … 5個
にんにく（薄切り）… 1かけ分
オリーブオイル … 大さじ4
塩、黒こしょう … 各少々
バジルの葉 … 適量

作り方

1 なすはヘタを切り落とし、縦に4等分する。

2 フライパンにオリーブオイル、にんにくを入れて中火にかけ、香りが立ったら1を入れて炒める。

3 なすがしんなりしたら、サルチャを加えて炒め合わせ、バジルの葉をちぎってサッと混ぜる。塩、黒こしょうで味をととのえる。

サルチャの旨味で短時間でも
じっくり煮込んだ味になる

ミートソースパスタ

材料〔2人分〕

サルチャ … 大さじ6
合いびき肉 … 150g
玉ねぎ … ¼個
にんにく（みじん切り）
　… 1かけ分
赤唐辛子 … 1本
スパゲッティ（2.2mm）… 160g
オリーブオイル … 大さじ1
バター … 大さじ2
塩こうじ … 小さじ2
　（または塩 … 小さじ¼）
黒こしょう … 少々
刻みパセリ … 1本分
粉チーズ … 適量

作り方

1 玉ねぎはみじん切りにする。鍋に湯
2ℓを沸かして塩20g（分量外）を入
れ、スパゲッティを袋の表示時間より
2分短く、少し硬めにゆでる。ゆで
汁を70㎖取り置く。

2 フライパンにオリーブオイル、にんにく、
赤唐辛子を入れて中火にかけ、香り
が立ったら玉ねぎを加えて色づくま
で炒める。

3 ひき肉を入れ、肉の色が変わったら
サルチャを加えて炒める。スパゲッティ、
ゆで汁を加えて2〜3分煮立て、塩
こうじ、黒こしょうで味をととのえる。

4 バターをからめて皿に盛り付け、粉
チーズ、刻みパセリを散らす。

水煮の豆で時短
＆ガラムマサラの香りで風味アップ

白いんげん豆の
スパイス煮込み

材料〔2人分〕

サルチャ … 大さじ4

白いんげん豆（水煮）
　… 1パック（約230g）

玉ねぎ … ½個

にんにく（みじん切り）… 1かけ分

しょうが（みじん切り）… 1かけ分

ガラムマサラ … 小さじ1

オリーブオイル … 大さじ2

塩こうじ … 小さじ2
　（または塩 … 小さじ½）

作り方

1　玉ねぎはみじん切りにする。

2　フライパンにオリーブオイル、にんにく、しょうがを入れて中火にかけ、香りが立ったら玉ねぎを加えて色づくまで炒める。

3　サルチャ、ガラムマサラ、いんげん豆を入れて5分ほど中火で煮込み、塩こうじを加えて味をととのえる。

玉ねぎ、ピーマン、ベーコン……
好きな具材で楽しんで

ピザトースト

材料〔2人分〕

サルチャ … 大さじ3

ピザ用チーズ … 大さじ4

ブラウンマッシュルーム … 2個

食パン … 2枚

バター … 小さじ1

作り方

1　マッシュルームは薄切りにする。パンにバターを塗り、サルチャ、マッシュルーム、チーズをのせ、チーズが溶けるまでオーブントースターで焼く。

細めのそばを使ってカッペリーニ風にアレンジ

サルチャのあえそば

材料〔2人分〕
サルチャ … 大さじ6
そば（乾麺）… 100g
オリーブオイル … 大さじ2
大葉（せん切り）… 6枚分

作り方

1 そばは袋の表示時間通りにゆでて冷水で
　しめる。ザルにあげて水けをよくきる。

2 ボウルに1、サルチャ、オリーブオイルを
　入れてあえる。

3 皿に盛り付け、大葉をのせる。

泡辣椒
パオラージャオ

青唐辛子を
塩水に漬けて発酵させた漬けもの。
クセになる酸味、
辛味が魚料理に合う

1

2

材料〔作りやすい分量〕

青唐辛子 … 30本（約60g）
塩 … 約18g ＊水の重さの3％
水 … 3カップ
酒 … 大さじ1

保存｜冷蔵
6か月間

作り方

① 鍋に湯を沸かし、青唐辛子を入れて2秒ゆでる。ザルにあげて水けをしっかりきり、粗熱がとれたらヘタを取り除く。

② 水と塩をよく混ぜて濃度3％の塩水を作り、酒を加えて混ぜる。

③ 保存容器に①を入れ、②をかぶるくらいまで注ぎ、ふたを閉める。毎日1回容器を振ってなじませ、常温で3日〜1週間（夏場は3〜4日、冬場は1週間が目安）漬ける。酸味が出てきたら料理に使える。

＊産膜酵母（p10）が出やすいので、容器を振って青唐辛子と漬け汁をよくなじませる。

酸っぱ辛さをプラスするだけで本格中華の味

豚肉とレタスの中華炒め

材料〔2人分〕

泡辣椒（パオラージャオ）… 1本

豚こま切れ肉 … 150g

卵 … 2個

グリーンレタス … ¼個

乾燥きくらげ … 2g

ごま油 … 大さじ2

A｜酒 … 大さじ1
｜塩こうじ … 大さじ1
｜（または塩 … 小さじ½）
｜片栗粉 … 大さじ1

塩 … 小さじ¼

黒こしょう … 少々

作り方

1 泡辣椒は小口切り、レタスはざく切り、きくらげは水で戻して石づきをとり、ひと口大に切る。豚肉はAをよくもみ込む。卵は小さめのボウルで溶きほぐす。

2 フライパンにごま油の半量を入れて中火で熱し、溶き卵を入れて木べらで大きく混ぜる。半熟になったら一旦取り出す。

3 フライパンはそのままで残りのごま油を中火で熱し、泡辣椒、豚肉、きくらげを炒める。

4 肉の色が変わったらレタスをサッと炒め合わせて2を戻し入れ、塩、黒こしょうで味をととのえる。

プリプリのたらに花椒のしびれる辛さを効かせて

たらの水煮魚
シュイヂューユー

材料〔2人分〕

泡辣椒 … 1本
パオラージャオ

生たらの切り身 … 2切れ

長ねぎ … ½本

水煮たけのこ … 100g

しいたけ … 2〜3個

もやし … ½袋（100g）

花椒（ホール）… 小さじ½
ホアジャオ

塩 … 小さじ¼

黒こしょう … 少々

片栗粉 … 大さじ1

ごま油 … 大さじ2

酒 … 大さじ2

水 … 1½カップ

ナンプラー … 小さじ2

作り方

1 長ねぎは斜め薄切り、たけのこは薄切り、しいたけは石づきをとって半分に切る。もやしはひげ根をとる。たらはひと口大に切り、塩、黒こしょうをふって片栗粉をまぶす。

2 鍋にごま油、泡辣椒、花椒を入れて中火にかけ、香りが立ったら1、酒、水を加えて5分ほど煮る。

3 煮立ったらナンプラーを入れ、味をととのえる。

南蛮漬け風の酸味とさわやかな辛味で食が進む

鶏肉と切り干し大根のピリ辛あえ

材料〔2人分〕

泡辣椒（パオラージャオ）… 1本

鶏胸肉（皮なし）… 1枚（約300g）

切り干し大根 … 40g

塩こうじ … 大さじ1

　（または塩 … 小さじ½）

片栗粉 … 大さじ2

米油 … 大さじ3

A｜米酢 … 大さじ3

　｜砂糖 … 大さじ1

　｜塩 … 小さじ1弱

　｜黒こしょう … 少々

作り方

1 鶏肉はそぎ切りにし、塩こうじをもみ込んで表面に片栗粉をまぶす。

2 フライパンに米油を中火で熱して1を入れ、片面に焼き色がついたら裏返し、1〜2分ほど両面をこんがりと焼く。

3 切り干し大根は水で10分戻し、もみ洗いして水けをきる。食べやすい長さに切ってボウルに入れる。泡辣椒を小口切りにし、Aとともに加えて混ぜる。

4 3に2を入れて軽く混ぜ、15分ほど置いて味をなじませる。

さっぱりとした辛さは洋風メニューにもよく合う

青唐ペペロンチーノ

材料〔2人分〕
<ruby>泡辣椒<rt>パオラージャオ</rt></ruby> … 1本
スパゲッティ（2.2mm）… 160g
ベーコン（ブロック）… 100g
にんにく（薄切り）… 1かけ分
オリーブオイル … 大さじ3

作り方

1 泡辣椒は小口切り、ベーコンは拍子木切りにする。

2 鍋に湯2ℓを沸かして塩20g（分量外）を入れ、スパゲッティを袋の表示時間通りにゆでる。ゆで汁を70mℓ取り置く。

3 フライパンにオリーブオイル、にんにくを入れて中火で熱し、香りが立ったら1を炒め、ゆで汁を加えてよく混ぜる。

4 液体が白濁したら、ゆでたスパゲッティを加えてからめる。

うま辛オイルに
バゲットを浸しながら食べたい

えびのオイルコンフィ

材料〔2人分〕
泡辣椒（パオラージャオ）… 1本
えび（殻付き・バナメイえび）… 200g
にんにく … 1かけ
オリーブオイル、
　米油（半量ずつ混ぜる）… 各適量
塩 … 小さじ½

作り方

1　泡辣椒は長さを半分に切り、にんにく
　　は半分に切ってから潰す。

2　えびは背わたをとって殻をむき、片栗
　　粉大さじ1、塩小さじ½（各分量外）を
　　もみ込んで水洗いする。水けをふいて
　　塩をふる。

3　小さめの鍋に1、2を入れ、かぶる程
　　度までオイルを注ぐ。中火にかけ、え
　　びに火が通ってフツフツするまで加熱
　　する。

コリコリとした食感で
手が止まらないおつまみ

砂肝炒め

材料〔2人分〕
泡辣椒（パオラージャオ）… 1本
砂肝 … 300g
にんにく（薄切り）
　… 1かけ分
パクチー … 1株
ごま油 … 大さじ1½
塩 … 小さじ½
黒こしょう … 少々

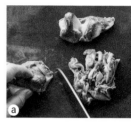

作り方

1　泡辣椒は5mmほどの斜め切り、パクチー
　　はざく切りにする。砂肝は包丁の先で表
　　面の白い皮（銀皮）を取り除き（ⓐ）、3
　　〜4本ずつ浅い切り込みを入れる。

2　フライパンにごま油、泡辣椒、にんにくを
　　入れて中火にかける。香りが立ったら砂
　　肝を加え、火が通るまで炒める。

3　塩、黒こしょうをふり、パクチーを添える。

発酵レモン

フルーティな酸味と
まろやかな塩け。
少量加えるだけで
レモンがしっかり香る

| 保存 | 冷蔵 |

6か月間

＊茶色っぽく色が
変わっても使える。

材料〔作りやすい分量〕

レモン（国産）… 5個（約600g）
塩 … 約60g
＊皮をむいたレモンの重さ（今回は400g）の15%

作り方

① レモンは流水でしっかり洗い、水けをよくふき
　とる。ピーラーで黄色い皮の部分をむく。

② 厚さ1cmほどの輪切りにし、フォークなどで種
　を取り除く。

③ 塩と輪切りのレモンをフードプロセッサーに入
　れ（皮は使わない）、なめらかになるまで攪
　拌する。

④ 保存容器に入れて軽くふたを閉め、常温で
　3日〜1週間（夏場は3〜4日、冬場は1週
　間が目安）漬けて、料理に使える。

＊〈応用レシピ〉ワックス不使用のレモンをご使用の場合、残ったレ
モンの皮の重量に対して、10倍の焼酎甲類に1週間漬けるとレモ
ンピール酒が作れます。（アルコール度数25%以上なら何でもOK）

ジューシーなチキンを熟成したレモンでさっぱりと

鶏肉のガーリックレモングリル

材料〔2人分〕
発酵レモン … 大さじ2
鶏もも肉 … 1枚（約300g）
グリーンアスパラガス … 6本
にんにく（薄切り）… 1かけ分
オリーブオイル … 大さじ1
塩 … 小さじ½
黒こしょう … 少々

作り方

1 鶏肉は皮目に浅く切り目を入れ、塩、黒こ
しょうをふる。アスパラガスは半分の長さ
に切る。

2 フライパンにオリーブオイル、にんにくを入
れて中火にかけ、香りが立ったら鶏肉の
皮面を下にして入れる。焼き色がついた
ら裏返し、4〜5分焼いて中まで火を通す。
アスパラガスは、転がしながら焼く。

3 皿に2を盛り付け、鶏肉にレモンをのせる。

食感のアクセントになるナッツでおいしさ倍増

ミートボールのレモンクリーム煮

材料〔2人分〕

発酵レモン … 大さじ1 ½
合いびき肉 … 200g
卵 … 1個
玉ねぎ … ⅙個
素煎りミックスナッツ … 40g
A | パン粉 … 25g
　　牛乳 … 大さじ2
　　オリーブオイル … 大さじ1
　　塩こうじ … 大さじ1
　　（または塩 … 小さじ½）
　　黒こしょう … 少々
薄力粉 … 大さじ3
白ワイン（あれば好みで）… 大さじ1
ローリエ … 1枚
ディル（あれば好みで）… 適量
〈 コンソメスープ 〉
　コンソメスープの素（顆粒）小さじ2
　　＋水1 ½カップ
生クリーム（乳脂肪分45％）… ½カップ
塩 … 小さじ¼
黒こしょう … 少々
温かいごはん … 300g

作り方

1 玉ねぎはみじん切り、ミックスナッツは細かく刻む。

2 ボウルにレモン、ひき肉、卵、1、Aを入れて粘りが出るまで手でこねる。12等分にして丸め、茶こしなどを使って表面に薄力粉をまぶす（ⓐ）。

3 鍋にコンソメスープを入れて中火にかけ、沸騰したら2、白ワイン、ローリエを入れる。再び煮立ったら生クリームを入れて5分ほど煮込み、塩、黒こしょうで味をととのえる。

4 皿にごはんを盛って3をかけ、黒こしょう（分量外）をふり、ディルをちぎって飾る。

バターのミルキーなコクでレモンの
酸味がまろやか

発酵レモンバターパスタ

材料〔2人分〕
発酵レモン … 大さじ2
スパゲッティ（2.2mm）… 160g
バター … 30g
黒こしょう … 少々

作り方

1 鍋に湯2ℓを沸かして塩20g（分量
 外）を入れ、スパゲッティを袋の表
 示時間通りにゆでる。ゆで汁を
 70mℓ取り置く。

2 フライパンを中火で熱してバター、レ
 モンを入れ、1を加えてよくからめる。

3 皿に盛り、黒こしょうをふる。

サッとマリネして
ワインと楽しみたいおつまみ

たことオリーブのあえもの

材料〔2人分〕
発酵レモン … 小さじ1½
ゆでだこ … 100g
グリーンオリーブ（種抜き）… 6個
イタリアンパセリ … 2本
オリーブオイル … 大さじ1
黒こしょう … 少々

作り方

1 たこはぶつ切り、オリーブは粗いみ
 じん切り、イタリアンパセリは食べや
 すく切ってボウルに入れ、レモン、
 オリーブオイル、黒こしょうであえる。

香辛料たっぷり＆
鮮やかなイエローが食欲を刺激

スパイシーレモンライス

材料〔2人分〕

発酵レモン … 大さじ2

カシューナッツ … 20g

青唐辛子の小口切り

　（あれば好みで）… 1本分

ターメリック … 小さじ1

A｜黒こしょう（ホール）… 20g

　｜カルダモン（ホール）… 2粒

　｜ローリエ … 2枚

　｜しょうが（薄切り）… 1かけ分

米油 … 大さじ3

バスマティライス（または白米）… 1合

作り方

1　鍋に湯1ℓを沸かしてバスマティライスを入れ、柔らかくなるまで7〜9分ほどゆでる。ザルにあげて湯をきってから鍋に戻し入れ、ふたをして15分ほど蒸らす（白米の場合は炊飯器で炊く）。

2　フライパンに米油、Aを入れて中火で熱し、香りが立ったらレモン、カシューナッツ、青唐辛子、ターメリックを加えて炒める。

3　全体がなじんだら1を加えて混ぜ合わせる。

好きな野菜をプラスして
ボリュームサラダにしても

牛しゃぶとパクチーの
レモンあえ

材料〔2人分〕

発酵レモン … 大さじ1

牛薄切り肉（しゃぶしゃぶ用）… 200g

パクチー … 3株

ナンプラー … 小さじ1

黒こしょう … 少々

作り方

1　パクチーはざく切りにする。

2　鍋にたっぷりの湯を沸かし、酒大さじ1（分量外）を入れて火を止める。牛肉を2〜3枚ずつ入れ、色が変わったらすぐに引き上げて水けをしっかりきる。

3　ボウルにレモン、ナンプラー、黒こしょうを入れてよく混ぜ、2を加えてあえる。1を入れてサッと全体を混ぜる。

発酵りんご

さわやかな香りと
凝縮した甘さ。
砂糖がわりに少し使うと
料理にコクが出る

column（3）

万能調味料になる発酵果物

保存｜冷蔵
1週間

保存｜冷凍
1か月間

材料〔作りやすい分量〕
りんご … 2個（約600g）

作り方

① りんごは皮をむいて芯を取り除き、8等分のくし形に切る。

② フードプロセッサーに①を入れ、なめらかになるまで攪拌する（または、すりおろしてもよい）。

③ 保存容器に移し、ふたを閉める。清潔なスプーンなどで毎日1回混ぜながら常温で2〜3日置く。紅茶のような香りがしてきたら料理に使える。

スパイシーな香りとりんごの甘みが好相性

キーマカレー

材料〔2人分〕

発酵りんご … 80g

豚ひき肉 … 200g

玉ねぎ … 1個

にんじん … 3cm

セロリ … ½本

A｜にんにく（みじん切り）… 1かけ分
　｜しょうが（みじん切り）… 1かけ分

カレー粉 … 大さじ3

米油 … 大さじ3

塩こうじ … 大さじ1½

　（または塩 … 小さじ1）

黒こしょう … 少々

温かいごはん … 300g

作り方

1 玉ねぎ、にんじん、セロリはみじん切りにする。

2 鍋に米油、Aを入れて中火にかけ、香りが立ったら玉ねぎをきつね色になるまで炒める。にんじん、セロリ、ひき肉を加えてさらに炒める。

3 全体がなじんだらりんごを加えてふたをする。焦げつかないよう、途中木べらで時々混ぜながら弱火で10分ほど煮込む。

4 カレー粉、塩こうじを加えて混ぜ合わせ、黒こしょうで味をととのえる。皿にごはんを盛り、カレーをのせる。

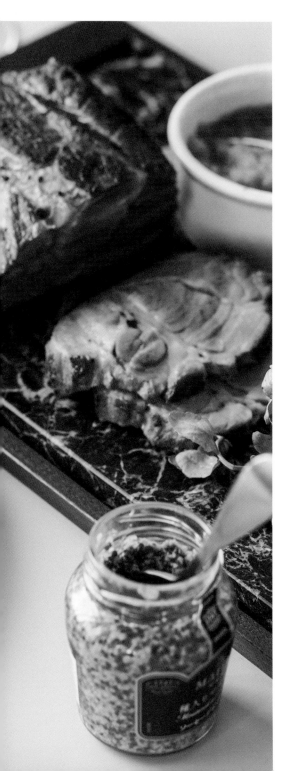

しっとり焼いた豚肉に
フルーティなりんごをからめて

ローストポーク
りんごソースがけ

材料〔作りやすい分量〕

発酵りんご … 150g
豚肩ロースかたまり肉 … 450g
塩 … 小さじ1
黒こしょう … 少々
オリーブオイル … 大さじ2
バター … 30g
粒マスタード … 適量
クレソン（あれば好みで）… 適量

作り方

1 豚肉に塩、黒こしょうをふる。フライ
パンにオリーブオイルの半量を中火
で熱して豚肉を入れ、転がしながら
まわりを焼き固める。

2 オーブンシートを敷いた天板に1を
のせ、100℃に予熱したオーブンで
40〜50分ほど焼く。焼き上がったら
アルミホイルで包み、30分ほど休ま
せる（ⓐ）。

3 小鍋にバターを入れて弱火で溶かし、
りんごを加えて混ぜながら加熱する。
煮立ったら器によそう。

4 フライパンに残りのオリーブオイルを
入れて中火で熱し、2の表面を軽く
焼いて温める。厚さ1cmほどに切り
分けて皿に盛り付け、3、クレソン、
粒マスタードを添える。

a

独特の風味があるチーズを
りんごの香りで食べやすく

チキンと
ブルーチーズのグラタン

材料〔2人分〕
発酵りんご … 80g
鶏もも肉 … ½枚（約150g）
玉ねぎ … ½個
パスタ（ペンネ）… 60g
ブルーチーズ … 30g
ピザ用チーズ … 20g
生クリーム（乳脂肪分45％）… ¼カップ
塩 … 小さじ¼
黒こしょう … 少々
オリーブオイル … 大さじ1

作り方

1 玉ねぎは薄切り、鶏肉はひと口大に切って塩、黒こしょうをふる。鍋に湯1ℓを沸かして塩10g（分量外）を入れ、ペンネを袋の表示時間通りにゆでる。

2 フライパンにオリーブオイルを中火で熱し、鶏肉の皮面を下にして入れる。焼き色がついたら裏返し、玉ねぎを加えて炒める。

3 玉ねぎがしんなりしたらりんごを入れて炒め合わせ、生クリーム、ブルーチーズ、ペンネを加える。木べらで混ぜながら弱火で2〜3分煮る。

4 耐熱容器に3を入れてピザ用チーズをのせ、オーブントースターで焼き色がつくまで焼く。

りんごの甘酸っぱさが
溶け込んだスイートポテト風

さつまいも煮

材料〔2人分〕
発酵りんご … 100g
さつまいも … 250g
バター … 20g
砂糖 … 大さじ1
シナモン（あれば好みで）… 適量

作り方

1 さつまいもは皮つきのまま乱切りにして
鍋に入れ、かぶる程度に水を注いで
中火にかける。15分ほどゆで、竹串
がスッと通る柔らかさになったら湯を捨
てる。

2 りんご、バター、砂糖を1に加え、中
火で煮詰める。

3 水けがなくなったら皿に盛り付け、シ
ナモンをふる。

酸っぱいものが
苦手な人にこそおすすめしたい

しめさばとりんごのマリネ

材料〔2人分〕
発酵りんご … 100g
市販のしめさば … 半身1枚（約230g）
玉ねぎ … ½個
米酢、オリーブオイル … 各大さじ1
ディル、ピンクペッパー
　（あれば好みで）… 各適量

作り方

1 玉ねぎは薄切りにして水にさらし、水
けをきる。しめさばは5㎜ほどのそぎ
切りにする。

2 ボウルにりんご、米酢、オリーブオイ
ルを入れてスプーンでよく混ぜ合わせ、
1を加えてサッとあえる。

3 皿に盛り付け、ディルをちぎってのせ、
ピンクペッパーを散らす。

真藤舞衣子（しんどう まいこ）

料理家。東京生まれ。会社勤務を経て、1年間京都の大徳寺内塔頭にて茶道を学び、畑作業や土木作業をしながら生活をする。その後、フランスのリッツエスコフィエに留学し、ディプロマ取得。東京の菓子店での勤務を経て、赤坂にカフェ＆サロン「my-an」を開店する。6年半営んだ後、山梨と東京の二地域居住を開始。料理教室や食育活動、レシピ・商品開発などを行っている。2014年には山梨に「my-an」を再オープン。発酵食品を使ったメニューにはリピーターも多く、やまなし大使としても活動している。著書に『ボウルひとつで作れるこねないパン』『和えもの』（ともに小社刊）、『おいしい発酵食生活 意外と簡単 体に優しいFERMENTED FOOD RECIPES』（講談社刊）、『からだが整う発酵おつまみ』（エムディエヌコーポレーション）など。「仕事が忙しいときは、冷蔵庫にある発酵野菜とお肉をチャチャッと炒めてワインで晩酌。ほっとできて、明日もがんばろうと思えます」

つくりおき発酵野菜のアレンジごはん

著　者　真藤舞衣子
編集人　足立昭子
発行人　倉次辰男
発行所　株式会社主婦と生活社
　　　　〒104-8357　東京都中央区京橋3-5-7
　　　　tel：03-3563-5321（編集部）
　　　　tel：03-3563-5121（販売部）
　　　　tel：03-3563-5125（生産部）
　　　　https://www.shufu.co.jp
　　　　ryourinohon@mb.shufu.co.jp
製版所　東京カラーフォト・プロセス株式会社
印刷所　TOPPAN株式会社
製本所　株式会社若林製本工場
ISBN978-4-391-16171-7

デザイン──高橋 良 [chorus]
撮影──清水奈緒
スタイリング──駒井京子
料理アシスタント──金木麗

撮影協力──UTUWA

取材・文──廣瀬亮子
校正──滄流社
編集──芹口由佳